U0453555

关键沟通

精确表达 和 高效说服的艺术

盖思宏 著

民主与建设出版社
·北京·

© 民主与建设出版社，2019

图书在版编目（CIP）数据

关键沟通：精确表达和高效说服的艺术 / 盖思宏著. —
北京：民主与建设出版社，2019.11 （2021.7重印）
ISBN 978-7-5139-2749-9

Ⅰ.①关… Ⅱ.①盖… Ⅲ.①心理交往-语言艺术-
通俗读物 Ⅳ.①C912.13-49

中国版本图书馆CIP数据核字（2019）第245192号

关键沟通：精确表达和高效说服的艺术
GUANJIAN GOUTONG：JINGQUE BIAODA HE GAOXIAO SHUOFU DE YISHU

出 版 人	李声笑
著　　者	盖思宏
责任编辑	刘树民
出版发行	民主与建设出版社有限责任公司
电　　话	（010）59417747　59419778
社　　址	北京市海淀区西三环中路10号望海楼E座7层
邮　　编	100142
印　　刷	天津融正印刷有限公司
版　　次	2020年5月第1版
印　　次	2021年7月第2次印刷
开　　本	710mm×1000mm　1/16
印　　张	16
字　　数	190千字
书　　号	ISBN 978-7-5139-2749-9
定　　价	42.00元

注：如有印、装质量问题，请与出版社联系。

前　言

　　什么是沟通？沟通是多种能力的综合表现，其中包含表达能力、理解能力、反应能力等等。一个人是否有能力，他的能力能否被别人注意到，很大程度上取决于他的沟通能力，即说话水平。

　　说话看似一件再简单不过的事情，但如何把话说好，如何把话说得有水平，如何让人信服，就不是一件容易的事了。所以，人们不但需要沟通，更需要有效沟通。

　　戴尔·卡耐基说："将一个人成功的因素归纳起来，15％得益于他的专业知识，85％得益于良好的社交能力。"学会关键沟通是成就事业和维系社交的基础。如果说交流是人类社会最基本的生存工具，那么有效交流——掌握关键沟通的技巧，就是你成功路上的奠基石。

　　每个人都希望拥有成功的事业和和睦的家庭，每个人都期盼着甜蜜的爱情和个人价值的实现，这些不但与个人的努力奋斗有关，更是跟身边的良好人际关系密不可分。而要维持良好的人际关系，就需要有洞悉人心的能力和高超的说话技巧。

　　海涅说："言语之力，大到可以从坟墓唤醒死人，可以把生者活埋，把侏儒变成巨无霸，把巨无霸彻底打垮。"苏格拉底说："世间有一种能力可以使人很快完成伟业，并获得世人的认可，那就是令人喜悦的讲话能力。"显而易见，沟通力成为衡量一个人能力的标准之一。有时候，一句话能够影响到一场误会能否消解，一次演讲能否成功，一次会议能否圆满，一场谈判能否胜利，语言在人们的生活中是如此重要。

不夸张地说，是否具有良好的沟通能力决定了一个人能否拥有良好的人际关系。那么，说话高手到底是如何进行人际沟通的呢？其实他们的秘密武器就是嘴和心，他们懂得洞察别人的内心，能把话说到对方心里去。

本书共分十章，分别从不同的角度对如何进行更有效的沟通介绍和分析，并涉及生活中经常面对的沟通场景。无论是成功交友、高效成事、顺利说服、领导团队、促成谈判，还是巧妙回击，本书为你一网打尽，助你有效交际一臂之力。如何沟通才能拥有打动人心的力量？如何沟通才能带出高效的团队？如何沟通才能走上人生巅峰？如何勘破沟通艺术的真谛？请让这本书见证并伴随你成长。

目　录

（第一章）会说话，更要学会好好说话

第四章　说话说到点子上，提升团队执行力

第五章　舌灿莲花，销售人员的必备技能

（第六章）唇枪舌剑，商业谈判的沟通艺术

（第七章）如何演讲，才能真正打动人心

第十章 打破人际壁垒，掌握人际交往的艺术

第一章

会说话，
更要学会好好说话

关键沟通，首先要礼貌真诚

生活中，很多人都知道要注意细节，诸如进门时要先敲门，接电话时要说你好，得到帮助后要说谢谢，接名片时要用双手。这些礼貌用语和行为对于我们而言，从小就被灌输教育，自然而然成了一种习惯，并不能真正体现一个人是否有礼貌。但是有一些礼貌行为，如果不是出自内心真正的尊重，是不可能做到的。试问：当遇到路边乞讨者时，你能否将钱轻放，甚至双手呈上，而不是随便地把钱扔给他？也许你不觉得随便扔给他有什么不妥，但是，面对一个你尊重的人，你会这样随便地把钱丢给他吗？

我们对他人的礼貌，不能因为职位、年龄、性别、身份的不同而有所不同。任何人都是一个独立的、有尊严的个体，尊严无价，对他人的尊重亦是对自己的尊重，人与人之间，只有那不经意间表达的一种与私利无关的真诚和善良，才是令人信赖的礼貌。

我们的日常生活中，也经常会发生没有注意使用礼貌用语，而让对方感到不被尊重的事。例如，在搭乘公共汽车时，经常会有需要询问司乘员关于到站或者换乘的情况发生，此时很多人只会大喊："喂，我问一下，××站快到了吗？"或者："我要去××公园，应该在哪站下车啊？"虽然为乘客服务是司乘人员的本职工作，但是我们也不应该不尊重他们。不要忽略"请""您好""谢谢""对不起"等礼貌用语，如果你能够恰当地使用它们，则会让对方感到身心愉快，更能够促进人际关系的和谐发展。

今天是李丽上班的第一天，在公司门口她遇到了老板。尽管李丽并不认识老板，但当她看到周围的人纷纷与老板打招呼时，便礼貌地说："老板，早上好！"老板也带着微笑，稍稍欠身低头向她示意，细心的李丽知道了原来老板也是一个非常有礼貌的人。

进了公司后，按照人事部门的要求，李丽应先去向老板报到，再由老板来为她安排具体的工作事宜。她走到老板办公室门口，用手轻轻叩了三下，当里面传来老板的一声"请进"的声音后，李丽才轻轻推开门，带着微笑对老板说道："您好，老板，我是新员工李丽，今天刚入职，特来向您报到。"言语之中很有礼貌，老板则放下手中的文件，赞许地点点头，接着便开始为李丽安排具体工作。

从这个案例中可以看出，李丽和老板都是非常有礼貌的人，并且礼貌不仅仅体现在他们的言语上，更体现在他们的举止上。《释名》中有这样一句话："礼，体也，言得事之体也。"意思是，"礼"就是说话做事的规范。在《礼记·曲礼》中则有"礼不下庶人"一说，即不对百姓苛求完备的礼节。所以礼仪是一个人修养情操的外化表现，而所有粗俗的、无礼的言谈举止首先是对自己的不尊重。

周正是一所高等院校的教授，有一天，正在办公室备课的他听到有人敲门，便习惯性地说了声"请进"。推门进来的是一名女学生，但是他并不认识这位同学，他想她可能是来找别的老师的。那位女学生环顾四周，张口就问："周正呢？"

整个办公室突然安静下来，大家都十分讶异，纷纷看向周正。周正也感到非常惊讶，在本校执教数十年，从没有人对他直呼其名过。周正的脸上不免流露出几分不悦，但是他还是神色自若，非常有礼貌地问道："这位同学，我就是周正，请问你有什么事？"

那位女学生听到周正的回答，依然不客气地说："哦，我可找着你了，你就是周正啊，我是××教授的学生，这是我的论文，你给我看看！"

原来学校要求，每个毕业生的论文都需要有一位外校专家的指导意见。这位女生就是来找周正帮自己审阅论文的外校学生。

周正是一位宽容大度的老教授，即使这位女学生如此粗鲁无礼，他也没有表现出不悦，更没有训斥她，只是无奈地说了句："你先放桌子上吧！"

可让人没想到的是，这位女学生不仅没有道谢，还大大咧咧地把论文扔在周正的桌子上，一脸不耐烦地说："你这么慢吞吞的，是要急死我吗？这可是关系到我毕业的大事啊！过两天就要交了，你快点儿行不行？"

周正再也无法忍受，厉声说道："这位同学，现在是你来请我帮忙，你这是什么态度？你如此嚣张跋扈，实在是太不懂得尊重别人了！请带上你的论文离开我的办公室，我是不会看你的论文的！"

在与人交往的时候，一定要注意自己的言行，尽量做到谦恭有礼。常言道："尊重别人就是尊重自己。"一个有礼貌的人无论身在何处，都会受到人们的欢迎，得到人们的好感与回应，而一个粗鲁无礼的人，一定不会受到别人的欢迎。

想要在社会中立足，礼貌和教养是不可或缺的，它们可以为你树立起良好的个人形象，更是反映你个人品质与魅力的表现。礼貌不用花钱，却能赢得一切。你的礼貌会使同样有礼貌的人与你以诚相见，也会使那些喜欢被以礼相待的人感动万分。

尊重也就是要我们能设身处地地换位思考，而说话有礼貌，就是对别人最好的尊重，这也体现了一个人的道德修养。

只有懂得尊重别人的人，才能真正获得别人的尊重。

所以，不管是求人办事，还是平常往来，在说话时一定要注意礼仪先行。只有满足了对方"被人尊重"的需求，才能使别人对你怀有好感，才能利于日常的人际交往。

俗话说："言为心声，语为人镜。"如果你言行有礼，便能让帮忙的人更加乐于帮助，而说话粗鲁无礼则会破坏别人的心情。向人求助时，加上"您""请"，受到帮助时说声"谢谢"，这是多简单的事啊。礼貌代表了我们对他人的尊重，同样，对方也会礼貌回应你，给你一份尊重。

良言一句三冬暖

与人交流是生活中最基本也是最重要的技能。我们每天大部分的时间都要花在交流上。人际交往不是简单地结交几个朋友，而是随时随地都在与各种各样的人交流。我们曾花费多年的时间学习读和写，学习各种专业知识和技能，然而我们又花费多少心思用于学习听和说，学习怎样与别人交流呢？

如果要用一两句话来概括人际交往的重要原则与方法，那就是"了解他人，知人而后为人知，既适应他人，又表现自我"。这要求我们学会换位思考，去体会他人的感受，而不是以自己的标准来衡量他人。

道格拉斯是一名出色的空军飞行员，在反法西斯战争中，他驾驶的飞机被敌军击落，他不幸被俘入狱。

在监狱中，为了熬过艰难的日子，道格拉斯学会了抽烟。一次他又想抽烟时，却怎么也找不到火柴了。无可奈何之下，他只能硬着头皮向看守借火。看守面无表情地打量了他一番，默默地从口袋里掏出了火柴递给他。

当看守把火柴递给道格拉斯时，两人的目光有了一瞬间的接触。为了掩饰尴尬，道格拉斯下意识地对看守微微一笑。似乎是受到了道格拉斯的感染，看守也回应了他一个浅浅的微笑。

点完火后，看守并没有像往常那样漠然走开，而是跟道格拉斯闲聊起来。

"你有孩子了吗？"看守开口道。

"有一个女儿。"道格拉斯边说边打开皮夹，把全家福照片递给了看守。

看守看完后也掏出照片，还讲了一些与家人相处的小事。道格拉斯的眼中渐渐含满泪水，他向看守倾诉着自己对家人的思念之情，尤其是对自己女儿的想念，他害怕不能看着孩子成长……

看守听了以后也被感动得潸然泪下。突然，他像是做了一个什么决定，打开牢门带着道格拉斯偷偷地从小路逃离监狱。

很多年之后，道格拉斯仍对那晚记忆犹新。他说，如果不是那位看守放了自己，他不知能不能活着回家。他觉得那位监狱看守也一定是位父亲，正是因为自己的话说到了对方的心里，自己才有了逃离监狱的机会。

了解他人才会把自己和对方拉得更近，从而化解许多矛盾和冲突。所以，在说话办事之前，最好稍做停顿，自问："我了解对方吗？他为什么会这样？如果别人这样对我，我会有什么感受呢？"

心理学家怀特教授经常会教育他的学生："在与人谈话前先要问自己三个问题：首先，你说的是实话吗？其次，这句话非说不可吗？最后，这句话是否出于爱心？"出于爱心，不仅要有良好的愿望、动机和目的，而且要有适应和满足对方的心理需求的说话态度、角度和方式。

每个人说话都是出于某种心理动机，有人出于爱心，有人出于恶意。

出于爱心，对听者有益；而出于恶意，则彼此都会受到伤害。出于爱心说话，即使被对方误解，也没关系，因为爱能包容一切，许多的错都会被善意融化。

出于爱心说话，无须发誓。爱心就像一座永远树立的丰碑，无须誓言做后盾。若不是出于爱心，即便赌咒发誓，也经不起事实的考验。只要凭借爱心说真诚的话，你的真情自会感动人。

出于爱心说话，贵在以心换心。当对方心存疑虑时，你出于爱心和坦诚，便能打动对方。你真诚地关心对方、爱护对方，才能换来对方同样的真诚。在别人取得成功时，你送上几句真心的祝福，会获得对方的信赖和尊敬；在别人受到挫折的时候，你的几句暖心的安慰，会使对方振作起来。

出于爱心说话，能收获人心。与人沟通贵在用心，只要我们出于爱心去了解他人，用真诚去对待他人，便会得到相应的回报。滴水之恩当以涌泉相报，相互之间的感情必然会根深蒂固。

是不是会说话，取决于你所说的话是否能打动人们的心。善良的人会用他们赤诚的情感、真诚的态度拨动他人的"心弦"。学会用爱心打动听众的心，无疑可以帮助你在交往中获得人心。

利用共同话题，打开对方的"话匣子"

朋友聚会也好，日常交际也好，大家都有自己的兴趣爱好，每个人都有自己的聊天领域。你总是可以看到那些有共同话题的人三三两两地凑在一起。如果你和他们说不到一起，那就说明你和他们没有共同话题了。

人与人交流，一定要有一个共同话题，才能够继续下去。如果你跟别人没有共同话题，三言两语就会无话可说，之后就只能坐在角落里自娱自乐；而经常独自一人，就会显得你很不合群。久而久之，可能你自己也会有社交恐惧症，不愿意与人沟通，严重影响你的日常工作和生活。

如果两个人聊天有共同关注的话题，就可以不必浪费彼此的时间进行叙述和解释。当然，你们都关注这个话题，也从侧面反映了你们无论是生活习惯，还是工作、理想，都有着相似和相同之处，这样双方就会把对方归入自己的"同类"中，一聊天就能"一拍即合"，自然就亲近了许多。

可以说，一个会聊天的人，一定懂得谈论彼此都关注的话题。

悦悦的老公是一个红酒销售经理。出于业务的需要，悦悦经常会跟老公一起参加应酬。一次，悦悦陪老公一起参加了一个公司举办的聚餐。由于都不熟悉对方，悦悦和他们互相寒暄了几句客套话后，觉得实在无聊，就拿着手机跑到沙发的一角看起了微博。

"你也是因为无聊才躲到这里来的吗？"一位穿着打扮端庄、大气，跟自己年龄差不多的女士笑着跟悦悦打招呼。

"嗯，是的，我们'同是天涯沦落人'。"悦悦半开玩笑地说。

"你喜欢刷微博吗？"女人不经意间瞄了一眼悦悦的手机。

"嗯，是的，平时我喜欢看一些没有压力的娱乐八卦，偶尔关注一下自己喜欢的明星。"悦悦回答道。

"真的吗？太巧了，我也喜欢这些。老公总是说我长不大，老跟那些小姑娘凑热闹，不过我就是喜欢他们呀，你看看胡歌，真是越老越有魅力了呢！"那位女士像是找到了"知音"，惊奇地说。

"你喜欢胡歌吗？我也好喜欢他，他是我的偶像。"悦悦像发现了新大陆，异常激动。

"嗯，我是胡歌的'铁粉'。并且我觉得胡歌现在比他年轻的时候还令人着迷。"女人高兴地抒发着自己的见解。

"嗯，是的，我们两个的想法真是一模一样。以前我对他感觉一般，最近我觉得他的眼神里充满了人生的沉淀！"悦悦说着，激动地握住了那位女士的手。

就这样，两个初次见面的人越聊越开心，越聊话越多，仿佛是彼此久未见面的老朋友……

由此可见，和别人聊天时谈论两个人都关注和喜欢的话题是多么重要。所谓"相见恨晚"也不外乎像她们这样的情形吧。

其实，想找到谈话者关注或者喜欢的话题，瞬间拉近你们的关系，并不难。你只要细心注意下面这几个方面，就可以找到"蛛丝马迹"。

1.最近的热点或者是话题

陌生人见面，无论是从对方的话语或者是侧面的介绍中，你都能猜测出对方最应该关注的话题。比如，饭桌上，一个朋友跟另一个朋友透露自己有买房的意愿。如果你此时能够表露出自己也在关注这方面，并且有最新的资讯，那么他肯定愿意跟你进行更多的探讨。

再如，年轻人一般都比较关注一些热点新闻、网络流行语、网红、热点电影以及娱乐八卦。如果你跟他们聊天时能使用一些网络用语，或者说一些八卦娱乐话题，那么你们肯定会立刻进入"热聊"状态。

2.共同的经历或者兴趣爱好

几乎每个人都会经历或正在经历求学时代、工作时期，或者是结婚、育儿时期，所以根据不同的人所处的时期，选择一个对方最可能关注的话题。比如，一个人新婚，你以过来人的身份讲述自己结婚的经历，肯定能引起对方的共鸣。

比如，某人刚刚遭遇工作的调动，那么工作性质、薪资待遇、员工福利、未来发展等也是他现在最关注的话题。再比如，当你得知对方非常喜欢音乐时，那么问他最近在听什么歌，或者他最喜欢的歌手是谁，也一定能打开他的话匣子。

当然，如果你跟那位朋友已经非常亲密了，有共同的兴趣爱好了，那么谈谈三观问题，将感情进一步升华，找到思想的共鸣，则可以让你们成为永远的知己。

3.日常的衣食住行

闲聊时，大部分女人都喜欢聊一些穿衣打扮、吃饭旅游等比较接地气的话题。如果跟她聊天时谈论哪个牌子的衣服款式好，哪个牌子的口红颜色不错而且滋润，哪个地方现在去景色刚刚好等等，对方通常都会很感兴趣的。

当然男性也有男性喜欢的话题，例如，汽车、股票之类。如果和喜欢吃的人聊天，你们也可以聊一些喜欢的甜点、菜肴、饮品、水果，以及零食等美食，因为这些都是"吃货们"最喜欢的话题。当然，一些运动类、家乡类的话题，有些人也比较喜欢关注。

话有三说，巧说为佳

在日常交往中，同样一句话，有人说得让人心服口服，有人却说得让人怒气冲冲。说话直言不讳的人，固然可以给人真诚、坦率的感觉，但是很多时候，这种说话效果其实并不理想，轻则伤了和气，让你的诚意大打折扣；重则引发误会，让对方曲解你的原意，这实在有违交谈的初衷。

生活中，人与人相处时，不可避免地会出现一些不同的意见和观点，这是很正常的事情。但是，如果我们表达观点时的方法不当，往往会令双方陷入尴尬的境地。可见，委婉巧妙地表达出自己的意见，既是一门艺术，更是一种必备的说话能力。

在微软公司的一次会议上，创始人比尔·盖茨大发雷霆，在场的高管们看到老板发脾气，没一个人敢说话。

就在此时，一位华裔女工程师却站起身来，对比尔·盖茨说道："比尔，我很理解你此刻的感受，在这种事上，我也有同你一样的经历，但是我发现，这件事情的经过其实是这样的……"

女工程师将整个事件解释一番后，比尔·盖茨的怒气也消了大半，他先是沉默了一会儿，然后告诉众人："既然是这样的话，那就照着她的建议去做吧。"在场的高管们看着这位华裔女工程师，眼中不禁流露出了佩服之意。

我们可以预见，这位女工程师在微软的发展前景一定很不错，因为在不同的意见面前，她能够通过恰当合适的表达方式，用迂回的方法引导别人从拒绝转为接受。

在人际沟通的过程中也是一样，我们免不了会碰到各种"刺儿"，越是这种时候，越不能"直肠子"。法国作家勒农曾说："你不要焦急！我们所走的路是一条盘旋曲折的山路，要拐许多弯，兜许多圈子。我们时常觉得好似背着目标，其实，我们总是越来越接近目标。"

当然，这么说并不是让人放弃，也不是甘愿后退，更不是圆滑世故，而是为了更快地接近目标，让生活中的事情变得更加温润、自然。

有些话到底怎么说才能达到理想的效果？其实，很多时候应该说出的话不是开口就能说好的，需要在头脑中思考一下，深思熟虑之后，你所说的话必然要比你不假思索、脱口而出的话更能打动对方，产生更好的效果，所以说，很多时候，这个弯子还是必须绕的。

戴维是某家公司的总经理，他有一位年轻漂亮的女助理，叫狄娜。但是戴维发现狄娜对待工作十分粗心，经常出现差错。

有一天，戴维看见狄娜走进办公室，就对她说："狄娜，你今天穿的衣服非常好看，很适合像你这样年轻漂亮的女士。"助理狄娜顿时受宠若惊。

接着，戴维又说："可是，千万别自满啊，我相信你处理公文的能力也会像你本人这么漂亮。"

果然，从这天起，狄娜在工作的过程中细心了不少，很少出现差错。

董事长听说了这件事以后，觉得很不解，于是问戴维："戴维，你真是有办法，你是怎么想出来的呢？"

戴维说："董事长，其实并不难，你注意到理发店给人刮胡子吗？理发师总是会先在顾客脸上涂满肥皂，然后再刮，就是为了刮起来不疼，说话也是这个道理。"

事实上，如何委婉巧妙地说话大有讲究，这里介绍几种较为可行的方法。

1. 和对方用商量的口吻说话

很多时候，你在坚持自己意见的同时，也要顾及别人的面子，这时就需要学会换位思考，用商量的语气取代命令或是过于绝对的语气。对方听了，就算不愿意否定自己的看法，也会认真考虑你的想法。

2. 用辩证的方式与对方进行交谈

与对方说话时，先肯定对方的想法，再说出自己的想法。当然，也要表述清楚自己想法的依据或理由。这样一来，即使对方想要否定你，也会比较容易接受，而不至于让谈话气氛变得紧张，使对方难堪。

3.表现出为难的样子，也是一种退让

如果与对方的意见分歧比较大，在说出自己的想法之前，不妨表现得犹豫、迟疑，给对方一个心理准备，也许对方就会让你说出自己的想法。很多时候，表现出勉为其难的样子，也是一种退让。

4.借对方的观点引出自己的观点

从对方的观点中逐步推测出可能出现的状况，从而引出自己的看法。当然，前提是要尽可能多地找出对方观点的不足，并且一定要实事求是，不能随便捏造。

5.借助同类事情支撑自己的观点

如果你觉得直接说出自己的观点比较为难的话，可以借助一些发生过的类似的事情来支撑自己的观点，也就是用事实来说话。

话到嘴边留三分，得饶人处且饶人

说起较真，算不上坏事，它是对事情的认真，若是用在工作或学习上，努力做到最优秀，这当然是好事。但若把较真用于人际关系，则会适得其反，太较真就会锱铢必较，这势必让别人产生反感乃至厌恶。所以，做人做事是不能一概而论的，而且，只有先把人做好了，事情才能好做。而想要做到不较真，真可谓是一门学问，而且是一门毕生努力都不一定能取得大成的深奥学问。

　　篮球运动员乔丹与皮蓬当年同在公牛队。皮蓬当时也是一位十分优秀的篮球运动员，是公牛队最有可能超越乔丹的新秀。不过皮蓬性格孤傲，经常对乔丹流露出一种不屑一顾的表情，而且私下还经常和人说自己在很多方面都比乔丹强，自己以后一定会超过乔丹之类的话。话传到乔丹耳中，但他并没有介意，而是对皮蓬处处加以鼓励。

　　乔丹有一次问皮蓬："我们两个谁的三分球投得更好？"

　　皮蓬不耐烦地回答："当然是你，你真是明知故问。"

　　当时乔丹的三分球命中概率是28.6%，皮蓬只比他稍低一点，是26.4%。不过乔丹却笑着说道："不，你比我强！你投三分球时的动作不但非常规范，而且十分自然，你非常有天赋，将来肯定会投得更好；而我投三分球则有许多不足。扣篮时我习惯于用右手，常常会用左手帮一下，但你不同，你两只手都行。"

　　事实上，皮蓬自己并没有注意过这些细节。他被乔丹的宽容深深感动了。

　　在一年之后的一场美职篮决赛中，皮蓬的成绩是33分，而乔丹只得了30分，皮蓬终于梦想成真，超过了乔丹，而他也因此成为公牛队首位超过乔丹的队员。比赛一结束，乔丹与皮蓬就激动地紧紧抱在一起。

　　人要有一颗宽广的心！给别人以宽容，就等于给自己宽容。每个人都可能犯错误，但并不是每个人都可以容忍他人的错误。而这少数的人，就是成功的人。学会容纳，容纳他人的生活习惯，容纳他人的错误，才会和别人合作，才会得到别人无私的帮助！

　　放人一马是种美德，它既是对他人的包容和接纳，同时也是对自己的友善与安慰。宽恕是一种修养和境界，是一种非凡的气度与高贵的品质，更是一种生存的智慧和能力。人越宽容，就越容易快乐，越容易得到幸福。乔丹正是用宽容赢得了一位真心相待的"战友"。

　　我们不推崇游戏人生，同样，也不推崇认死理、一根筋。俗话说："水至清则无鱼，人至察则无徒。"镜子看上去光滑平坦，但在高倍放大镜下，它就像崎岖的山峦，也一样起伏不平；我们肉眼看着干净无尘的东西，放在显微镜下则满是细菌。而事事较真，就像在生活中随时随地拿着放大镜，当你拿放大镜去看所有错误时，你肯定会觉得一切都是无可救药、无力回天了。

　　在菜市场，一个女人和一个卖菜的老人吵得不可开交，番茄、菠菜、豆芽掉了一地，有些已经被踩得不成样子了。原因是：女人清晨买了5元钱的黄豆芽，现在快中午了，她提着黄豆芽来找卖菜的人，说回家称了，差二两。卖菜的老人则坚持不补给她，因为菜已经卖出快4个小时了，豆芽本就属于"水菜"，过一段时间差些斤两是正常现象。女人一气之下把老人的菜摊砸了。争执了半晌，老人报警，最后双方跟着警察去处理问题。

　　这件事的结果我们无从知晓，但在生活中，的确总会有人因为一些鸡毛蒜皮的小事而争得面红耳赤，结果也只有两种：轻者使双方都生一肚子气，不欢而散；重者则双方大动干戈，诉诸暴力，结果是两败俱伤。

　　纵观古今，凡是能成大事的人一定有能容人的度量。人非圣贤，孰能无过？与人相处要有容人之量，求大同存小异，才会交到朋友；反之，过分挑剔，眼里容不得沙子，鸡毛蒜皮的小事都一定要论出曲直，则只能成为令人避之唯恐不及的人。何况为一些小事起口舌之争实在不值，放人一马又何妨？事实上，人际交往中的摩擦与人群中摩肩接踵的磕碰一样，是在所难免的，每个人的生活环境、成长经历都不同，对一个问题的看法不可能一样。遇事不较真，放人一马，反而显出你的大度，也会让僵持的局面得到缓解。

关键沟通需要和谐的氛围

热情的人就像一团火，能够燃烧身边的一切，给他人带来光和热，冷漠的人则恰似一块冰，能够把人变得冷冰冰，甚至浇灭人心中本来的热情。现代社会，人们处处提倡正能量，唯有热情的人，才能改变生活的现状，改变身边的人和事。也许有人会说自己是外冷内热型的，虽然心里热情似火，但是表面上却冷若冰霜，又该怎么办呢？细心的人会发现，成功的人大多非常热情。那么，我们如何表现自己的热情呢？即使一个人心里热情似火，如果传递给他人的是冷淡，也是不能如愿以偿的。这就要求我们学会表达，学会用热情感染他人。

在生活中，我们可以看到那些说话高手都有一个特点，那就是他们每时每刻都有一张迷人的笑脸，对任何人都非常热情，用行动"拉拢"周围的人。他们在自己的关系网中自由穿梭，不断地结识新朋友，扩大自己的关系网，而这也正是我们应该学习的。

人与人之间的交往其实很微妙，很多情况下，人们看似为了名利而不停地争夺，实际上，当得到了心里真正想要的尊重和感动时，一切就都是可以放下和释然的。

岑阳在某家公司做动画设计，是一个踏实能干的设计师。一天，总经理把一个年轻的女孩带到公司里，向大家介绍，这是新来的秘书乔乔，请大家多帮助多关照。乔乔看起来年龄很小，站在办公室门口，一副胆怯的样子。岑阳主动给她端茶倒水，还热心地带她熟悉了一下办公室的环境。

乔乔是来给总经理做秘书的，应该负责公司的接待和日常工作，但是她什么都不会。对于现代化办公设备的使用，乔乔不懂；对于跟客户交涉的问题，乔乔不懂；对于对外联系的问题，乔乔不懂；对于处理同事间的业务需求，乔乔也不懂……乔乔总是在焦虑地找寻感觉，可是还是不知道如何是好，毕竟她以前从未接触过这类工作，一时茫然也是正常的。就这样，乔乔一会儿跑出去接电话，一会儿又呆呆地坐在办公室，不知道自己应该做什么。

岑阳明白，乔乔还没有进入工作状态，于是便主动帮助她熟悉业务。岑阳给乔乔介绍了公司的其他几位同事，然后告诉她公司的主要客户有哪些，客户一般会咨询哪些问题，要怎样回答他们。此外，岑阳还向乔乔挨个儿介绍公司设备的使用方法，比如打印材料、复印文件、使用传真机等。对于订餐、订票等问题，岑阳也给乔乔进行了详细的讲解。

有了岑阳的引导和细心解说，乔乔渐渐进入了工作状态，对业务也熟悉起来了。当岑阳忙不过来的时候，乔乔还能帮她打印图纸，核对图纸上的数据，很有几分"学成出师"的意思，两个人相处得很融洽，配合得也很默契。总经理看到乔乔进步这么快，心里非常高兴。

时间过得很快，转眼乔乔来公司已经半年了，她已经完全适应了公司的一切。年关将近，大家都准备回家过年了。为了表示对岑阳的感谢，乔乔极力邀请岑阳去她家做客。鉴于乔乔的一片热心，岑阳就答应了。但是想不到的是，乔乔带岑阳来到了总经理的家。

直到此刻，岑阳才知道，原来乔乔是总经理的亲外甥女，刚刚高中毕业就到公司上班。总经理本来很担心乔乔的文化底子薄不能胜任公司的工作，没想到在岑阳的帮助下，她进步很快，工作完成得也很好。在饭桌上，总经理再三向岑阳表示谢意。

从此以后，岑阳得到了总经理更多的赏识与照顾，她的努力与热情得到了总经理的高度评价。随着公司规模的扩大，岑阳的职位越来越高，薪水当然也越做越多。一年之后，公司搬到了更大的办公大楼里，岑阳顺理成章地成了设计部门的经理。

如果岑阳没有热情地帮助乔乔，就不会有这段友情，也就不会那么快得到领导的赏识。热情的力量不言自明，热情是一种大爱，更是一股不容忽视的能量。

细想我们周围热情的人，就能明白热情的吸引力及感染力有多大。热情具有强大的吸引力，人们一旦受到热情的感染，便会让人心情美好、快乐。因此，热情将使你变得更吸引人，也更能感染人，给他人留下美好的印象。

一个热情的人，眼睛里一定跳动着小小的火苗，带给人纯真和友善的感受；一个热情的人，在与他人握手时不会如同蜻蜓点水，而是完全张开手掌，真诚地握住他人的手；一个热情的人，言谈举止间很少会故意地冷落他人，而是始终真诚如一；一个热情的人，浑身都会散发出热量，能够融化坚冰……热情有如此神奇的魔力，从现在开始，让我们成为一个热情的人吧。

点到为止，把话语权交出去

芹芹今年 15 岁了，正在读初三。青春期的孩子果然与父母是敌人啊！这不，芹芹最近为了学习的事情与妈妈闹了好几天的别扭。"屋漏偏逢连夜雨"，偏偏老师又打电话给妈妈，说芹芹有可能早恋了，这把她和妈妈的关系推向更尖锐的冲突中。和老师见面之后，妈妈第一时间打电话给爸爸。听到妈妈说了情况后，爸爸赶紧叮嘱妈妈先不要和芹芹提起这件事情，一定要等到他出差回来之后再说。不承想，妈妈是个急脾气，当天晚上就"审问"芹芹："芹芹，现在正是初三关键时刻，你怎么能早恋呢？"芹芹不假思索地反驳说："早恋？你从哪里得来的消息？"妈妈一本正经地说："你别管我是从哪里得来的消息。总而言之，你不要早恋就对了。谈恋爱，最早也得到大学，否则耽误的就是一辈子的前途啊！"芹芹厌烦地看着妈妈，一语不发地回到自己的房间。不想，妈妈从此就开始像唐僧对待孙悟空一样，动不动就开始念"紧箍咒"："芹芹，不要早恋啊！大学时期的爱情才美丽呢！过早恋爱，只有苦果！"听到妈妈反复不停地这么说，芹芹越来越反感，终于忍受不住了，大声喊道："你这么盼着我谈恋爱，那我就谈一个给你看看，正好顺了你的心意！"听到芹芹这么说，妈妈气得呜呜直哭。幸好，爸爸当天晚上出差回来了。

爸爸批评妈妈没有等他回来商量一下就擅自行动，并且决定自己和芹芹认真地谈一谈。晚上，芹芹正在复习功课，爸爸走进她的房间，说："芹芹，最近爸爸不在家，你和妈妈相处得怎么样？你的学习还顺利吗？"芹芹有些反感地说："妈妈已经向你告状了吧？"爸爸笑着说："我更愿意听听你怎么说。"芹芹疑惑地看着爸爸，问道："你真的愿意相信我？"爸爸重重地点点头，说："当然啊。"芹芹这才一五一十地把事情说了一遍，并且保证自己和那个男生只是普通朋友。爸爸毫不怀疑，笑着说："爸爸相信你能处理好个人的感情问题，就算真的是彼此有好感，对花季的少男少女来说也是正常的。而且你们只要处理好纯真的友谊，就不会影响学习的，说不定还能相互促进呢。"听了爸爸的话，芹芹由衷地笑了，说："爸爸，谢谢您信任我。我那天说要早恋只是为了气妈妈，只要她不唠叨，我保证不早恋！"爸爸疼爱地摸了摸芹芹的头，说："你这个鬼精灵！放心吧，爸爸会让妈妈也放心的！"在爸爸的安抚下，妈妈也从焦虑中解脱出来，全家的生活又恢复了和谐。

青春期孩子的早恋问题，历来都是父母非常头疼的问题。很多父母视早恋如同洪水猛兽，恨不得将其扼杀在摇篮里，宁可错杀一千，也不放过任何风吹草动。更有很多父母，一旦发现苗头，就会不停地唠叨，恨不得一日念叨三遍。如此，只会导致青春期的孩子更加叛逆，甚至导致他们真的早恋。这样的事与愿违，相信是每个父母都不愿意看到的。事例中的爸爸在妈妈唠叨得芹芹不胜其烦之后，采取了温和的态度，给予了芹芹充分的信任，这才消除了妈妈的唠叨导致的负面影响。其实，不只是青春期的孩子，任何人都不喜欢被质疑，更不喜欢被反复地唠叨。唠叨，不仅透露出一种不信任，更是对人心智的折磨。就像孙悟空，为什么唐僧一念经他就头疼呢？紧箍咒是一方面的原因；放在现实生活中，心中不堪其扰、心神不宁，也是重要的原因吧！

在很多情况下，能否说服一个人的关键并不在于我们是否无数次地重复某些话，而在于我们能否明确地表明自己的态度和立场，从而让对方感受到你的坚定不移，也清晰地把握你的诉求。唠叨是很折磨人的，一旦激起他人的逆反心理，就会适得其反。因而，我们必须控制唠叨的欲望，给他人一个清静的交谈环境。古人很早就说过："一字千金，掷地有声。"我们不难看出，只有一语中的，才能把话重重地说到对方的心坎儿里。相反，如果喋喋不休，则只会使你的话失去分量，变得轻飘飘的，甚至连他人的耳朵都进不了。不管出于什么目的的交流，都要学会简明扼要地表达自己的想法，才能事半功倍，也让人耳清心明。

简洁朴素的话语更有吸引力

语言是一个人的内心与修养的外在表现。我们不能只是在作文、写稿或准备演讲的时候才想到语言要有艺术性，也应努力改变日常语言，提高交流效果。要想把话说好，首先要把话说得简洁朴素，这就要从口语净化做起。

首先，应该杜绝粗陋低俗的口头禅和坏习惯。

说话风格如同烹饪美味，品种多样、各有特色，虽没有统一的模式，但绝不能容许多余的和肮脏的东西混杂其中。有些人习惯把"嗯""啊""然后""那么"或者一些粗俗、不堪入耳的口头禅挂在嘴上，这种口头禅既损害了自我形象，又使人大生反感、避而远之，还谈什么创新求美的意识和培养自己的口才与交际能力呢？

口语中的"恶性肿瘤"必须根除，而废话和多余的零碎词这一类"良性肿瘤"也是对口才的危害。

某公司有个"问题"经理，每当职员向他反映情况时，他总是十分客气地说："刚才你反映的问题，的确是个问题。在工作中发生这样的问题，不能不算是个严重问题。看来，关于这方面的问题，需要开个会议，认真讨论。如果这类问题不引起重视，那么接下来的问题就会更多。总之，我很重视你反映的问题，你还有什么问题吗？"

这位经理的"问题"这么多，谁还敢找他谈问题呢？很多人在说话时，还会有类似"是不是""对不对"这样的口头禅，在说每句话时，都会重复一遍，听起来像是征求听者的意见，但重复次数多了，就会让人生厌。

从听者的心理反应来看，过多地使用口头禅、零碎词必然会使听众厌烦，影响接受效果的同时还损害表达者的形象。另外，不必要的客套话也是使人厌烦的陈词滥调，最好少说或不说。一个人说话只有做到通顺、文雅、干净、利索，才能在这个基础上增添光彩和情趣，让人感受到语言的魅力。

其次，积累要丰富，表达要简朴。

在语言的魅力中，最重要的一个因素就是做到准确简洁。如果你的头脑中词语贫乏，而且只会重复，那么在与人交谈时，多半会语塞，说不出几句像样的话来，甚至表示好意也会叫人反感。

比如，在一个画展上，一个年轻人感慨道："这个老家伙，还真有两下子！"这话分明是称赞之意，但是别人听了却感到别扭。如此说话，除了言语粗俗外，也是词汇贫乏、有口无才的体现。所以，说话要准确简洁，前提是掌握丰富多彩的词汇，只有词汇丰富，我们才能运用灵活多变的句式，准确生动地传情达意，或是言之凿凿地斥责，或是有声有色地赞扬。

在1986年洛杉矶奥运会上，时任美国总统里根致辞，他仅仅用了16个单词，译成中文是："我宣布，进入现代化时代的第二十三届奥运会，在洛杉矶正式开幕！"短短一句话，将时代特点、运动会的名称、性质、届次和举办地点，一清二楚地讲了出来。对于急不可待想要观看奥运会盛况的观众来说，这一简练精确的开幕词，无疑产生了极好的效果。

要把自己心里想说的话，用最简明的词语表达出来，必须事先经过深思熟虑，要对自己所表达的思想内容理出头绪、抓住要点、明确中心。语言的不明晰是思想不清晰的反映，只有思想清晰明确，才能做到语言的清晰和简洁。另外，在思考透彻之后，还要注意词语的选择搭配，力求准确精练，甚至要做到一字不多、一字不少，让人一听就懂，这就是语言千锤百炼的功夫。

古希腊哲学家苏格拉底这样对他的得意门生柏拉图说："人类文明传播的最高标准是'思考透彻，用字明确'。"这个道理适用于任何形式的传播活动，无论是口头传播还是书面传播都是如此。

最后，生动形象才有感染力。

一位教师在回答"你为什么去教书"这个问题的时候说道："我之所以选择教书，必定不是因为这个职业看起来简单、轻松，刚好相反，教书是我能用以谋生的所有职业中难度最大的一种。教书对我来说可能意味着熬红双眼、汗湿双手和胃部下垂。因为不管熬夜到几点，我都觉得没有准备好，而且每次走进教室，我都感到紧张，生怕在课堂上会被学生认为自己是一个傻瓜。至于胃下垂，是因为我在下班后总要推迟一个小时才走……"

这段话在朴素的语言中，流露出了真情，其中讲到教书的艰苦，说得多么具体生动而又真切形象。这样的话很容易使人感动。

可见，形象化的语言可以给人形成逼真的具体形象，从而感染和打动人心，还可以直接作用于人的各种感觉，使人身临其境：耳闻其声、鼻嗅其味、掌触其物。那么怎样才能使语言生动形象呢？其基本特征和要求有三条。

第一，把抽象的东西变为具体的。用形象化的语言把抽象的概念、深奥的理论变得具体可感，浅显易懂。

第二，把静止的事物变成活动的。为了能深入浅出地说明问题、揭示真理，善说会写的人经常借助"打比方"之类的手法生动形象地叙事说理。它能把许多复杂的事理表现得活灵活现，使人容易接受并得到启示。

第三，把内在性质的东西变成外观可见、容易感知的，也就是通过话语描绘模仿事物的情状特征，使人具体可感，产生直观的身临其境的效果。

使语言生动形象的方法有许多，但最重要的是要有这样的意识和欲望。可以运用比喻、拟人、夸张、借代、排比、对偶、双关、设问、反问、谐音等一系列修辞手法，还可以运用歇后语、俏皮话和巧妙的俗话，这些语言形式，既富有口语的特点，又能一针见血、生动形象地说明问题，就像语言中的"油盐酱醋"，说起来很有味道。

第二章

懂点儿沟通心理学，
让你成为社交达人

首因效应，一见如故的秘诀

一般情况下，在我们与他人的初次见面中，或者是面试的时候，或者是相亲，我们都会非常在意自己的外在形象。细心的人会精心准备服装，男士会刮刮胡须，理理发；女士会挑选得体的衣服，做做头发，化化妆。大多数人的准备工作都是为了给他人留下良好的第一印象。但是大部分人都忽略了一个关键问题，那就是你所说的第一句话和给别人的第一印象一样至关重要。在做好面子工程的同时，更应该准备好自己的语言，用话语帮助自己在他人的心目中建立起良好印象。

无论是第一印象还是第一句话，之所以有如此巨大的作用，用心理学来做解释的话，那便是"首因效应"。"首因效应"又称为"首次效应"，或者叫作"第一印象效应"。简单来说，它是指人们在初次接触时所形成的第一印象对此后的交往所产生的深远影响，也就是我们常说的先入为主，尽管这些初次接触时所形成的印象未必是全面和真实的，但是会深深地刻在人们的大脑中，对将来的交往起到至关重要的作用。如果第一印象好，之后的交往就会变得更加顺利。反之，如果第一印象不好，则会给日后的交往增加难度。由此可见，第一印象影响深远。所以面子工程仅仅是形成良好印象的一部分，一个人的言谈举止，尤其是开口所说的第一句话，也是非常重要的。

要想说好第一句话，首先必须充分地了解对方。也许有人会说，如果是面试，我怎么可能了解对方呢！当然，你是不可能预先知道面试官的情况的，但是你肯定知道自己面试的是哪家公司。作为有心人，如果你能提前了解公司的情况，想必在面试时回答问题总不至于南辕北辙。如果是相亲，则更加好办，可以从介绍人那里获得更多信息。要是谈判或者其他商务场合，收集信息则更加容易。总而言之，只要处处留心，一定能收集到更多的信息。这样一来，你的第一句话也会说得更有针对性。

即将面临毕业的大四学生张正，与所有即将跨出校门的毕业生一样，每天都在忙着找工作。然而，张正接连面试了十几家公司，都没有得到回音。张正的自信心非常受打击，一度开始怀疑自己的能力。老师在得知张正的困惑后，问："你每次参加面试时，是怎么介绍自己的呢？"张正想了想，说："我就是实打实地说啊，比如：'我叫张正，毕业于北京××大学，是大四学生。'"老师笑着说："你没有感觉到你所用的这种开场白太过单调了吗？假如你第一句话就让人觉得无趣，面试官可是没有兴趣听你说下面的话的。"张正困惑地问："那我应该怎么说呢？大家不都是这么说的吗？"老师摇摇头，说："杜琴是班级里最先敲定工作的。你可以请教请教她。"

经过向杜琴讨教，张正才恍然大悟。之后的一次面试，他完全像变了个人。面试官对他说："请你介绍一下自己。"张正笑着说："您好，我并不是一名普通的应届大学毕业生。在大学四年中，我坚持勤工俭学，曾在新华社做过兼职编辑，在电器城销售过电脑、打印机，还在学校里卖过女生用的化妆品、面膜，等等。每年的情人节我都会去卖花，因而我对这些行业的情况非常了解。这些都是我的学生身份之外的经历，希望能够让您满意。"和张正此前的自我介绍相比，那一句"我不是一名普通的应届大学毕业生"，就让面试官瞬间抬起头来疑惑地盯着他。如此一来，张正接下来的自我介绍就一字不落地进入面试官的耳朵里，让面试官更加了解张正，也准确记住了张正。果不其然，采取新的自我介绍法面试三次之后，张正就顺利找到了一份心仪的工作。

第一句话，总是会给人们留下深刻的印象。尤其是当你面对的是低着头看资料的面试官时，你的第一句话更加能够先声夺人，让面试官在看到你之前就对你有良好的印象。这都是首因效应的功劳。

做任何事情，都应该争取有一个好的开始。只有开头良好，才更有可能走向成功。不管面对谁，也不管是在何种场合，都应该拥有良好的心理素质，做到不卑不亢、落落大方。在此基础上，还应该用心琢磨第一句话的开场白，为自己赢得开门红。需要注意的是，第一句话千万不要夸大其词，可以猎奇，但要能够完满地自圆其说。只有以事实为基础，才能帮助你赢得他人的赞许和认可。

威尔德定理，把说话的机会让给别人

　　古人云，言多必失，祸从口出，是很有道理的。很多情况下，不知所以，就大说特说，一定会让我们不小心说错话，轻则无法如愿以偿，重则招来祸患。在封建社会，诸多大臣们胆战心惊、如履薄冰地陪伴在皇帝身边，为了保住性命，是绝对不敢不听不分辨就直言进谏的。要知道，皇帝动怒可是要掉脑袋的，因此，他们最有效的办法就是闭口不言。任何时候，任何情况下，他们都是先侧耳倾听，判断局势，然后再小心谨慎地发表看法，甚至选择明哲保身，什么也不说。

　　当然，现代社会已经没有崇尚一言堂的皇帝了。在崇尚民主的年代，大多数人都享有言论自由的权利，因而，我们是可以畅所欲言的。然而，在与人交往的过程中，要想把话说到他人心里去，依然应该谨言慎行，先倾听，才能避免言多必失。

　　很多人都觉得语言是最有力的表达，殊不知，在特定情况下，倾听是更有力的无声语言。

　　古希腊流传着一句谚语，大概的意思是说，聪明人凭借经验说话，充满智慧的人却凭借经验选择不说话。由此可见，不说话比说话，需要更大的智慧。大多数人都喜欢抢着说话，就好像刚会走路的孩子，总是迫不及待地想要走起来。事实上，在没有掌握良好的表达技巧的情况下，倾听才是最好的选择。因为通过倾听，我们可以更加了解说话的人，也可以更清晰地判断局势，进而做出高效的表达。

刚刚调到新学校担任校长的李荔，对学校的情况还不太了解。一天中午，教导处主任来问他："李校长，县里要举行优秀教师去外地学校参观学习的活动，我们学校派谁去呢？"对此，李荔毫无经验。因为他既不了解老师，也不知道以往的惯例。然而，李荔很聪明，他马上反问教导主任："有几个名额？您觉得派谁去合适呢？"

教导主任看到新校长如此谦虚，居然主动征求他的意见，因而非常认真地思考了一会儿，才说："虽然李老师是学校的年度标兵，但去年她已经参加过这样的活动了。我觉得，这种机会应该分散开来，鼓励不同的老师。不过呢，也不能都顾着老教师，毕竟年轻教师也是需要鼓励的。所以，就这次的两个名额，我建议让经验丰富的杜老师和作为青年教师尖兵的马老师去。您觉得行吗？"李荔觉得教导主任说得很有道理，因而连连点头，说："你思路清晰，对学校情况也很了解，就按你说的办吧。你去通知他们吧！"看到新校长如此尊重和器重自己，教导主任非常高兴。

在这件事情上，李荔处理的方式非常巧妙，他把问题推给教导主任解决，给足了教导主任面子，最终不但解决了问题，而且让教导主任也很高兴。而李荔的办法实际上很简单，就是倾听和采纳。如果不是采取这样的方式，而是费心劳神地再去了解每位教师的表现，显然是不可能一步到位的。因而，李荔的明智之处就在于他很擅长倾听，也给予了教导主任足够的信任。如此一举数得的方法，实在是非常巧妙的。

在与人交谈时，凝神倾听，给予他人的感受是非常好的。把说话的机会让给对方，意味着你非常尊重对方，也很在乎对方的意见、看法和感受，因此对方会更加慎重真诚地对待与你的谈话，这远比你一味地说教更好。同时，我们应该目视对方，在恰当的时候还应与对方展开目光的交流，从而更好地与对方互动。需要注意的是，在刚开始谈话时，应该以听为主，不要随意提问，也不要打断他人的诉说，否则会被视为不礼貌，也会影响对方的谈兴。

登门槛效应，在潜移默化中把握谈话节奏

在心理学范畴内，登门槛效应是一种非常常见的现象，有时也被称为得寸进尺效应。具体地说，即人们虽然会直接拒绝那些看似不可能实现的、难度较大的要求，但是如果我们刚开始时只是提出一个不值一提的小要求，待到对方接受后，再循序渐进地提出更高的要求，如此一来，对方就更容易接受我们的要求。形象地说，这种现象和拾级而上很像，只有循序渐进，才能攀上高峰。

1966年，美国的心理学家进行过一个著名的实验，登门槛效应也是这个实验之后才提出的。他们派人登门拜访一些家庭主妇，请求她们在自家窗户上挂一个牌子。当然，对于这无关紧要的事情，这些家庭主妇全都同意了。经过一段时间之后，他们再次派人登门拜访这些家庭主妇，请求在她们的院子里挂一块很大且不那么赏心悦目的牌子。出乎他们的预料，

有至少一半的家庭主妇也同意了。此后，他们又派人登门拜访另一些家庭主妇，直接向她们提出请求，要在她们的院子里挂一块很大而且不太美观的牌子，结果，这些家庭主妇中大多数人都直接表示拒绝，只有不到20%的家庭主妇勉强同意。随后，美国的心理学家还进行了类似的实验，最终证实了人们在面对很难完成的要求时，往往会直接拒绝。而在先接受无关紧要的小要求的受试者中，则接受难以完成的要求的人会占更高的比例。

如果交谈的氛围从刚开始就非常融洽，人们不到万不得已，不会轻易打破这份融洽。因而，要想成功说服他人，首先要营造良好的交谈氛围。其次，保持耐心，引导对方做出肯定的回答。如果对方从一开始就否定，那么就会进入恶性循环，导致不管你说什么，他都会毫无例外地否定。如果引导得当，让对方时时刻刻都肯定你，则对方更容易潜移默化地接受你的影响，在不知不觉中说服自己做出改变。最后，要表现出高姿态，以宽容友善的态度待人。这是因为当你表现出宽容时，对方也就不会斤斤计较，更不会让你难堪得下不来台。这就像是一场戏，首先铺垫好基调，才能让后面的发展、高潮等全都水到渠成。

1984年，一位默默无闻的日本人参加了东京国际马拉松邀请赛，并且取得了让人惊讶的好成绩——世界冠军。他叫山田本一，在此之前名不见经传。赛后，诸多的记者争先恐后地采访他，这些记者问得最多的问题就是："你是如何跑出这么好的成绩的？"对此，山田本一漫不经心地说："凭着智慧。"很多人在听到这句回答后，都觉得山田本一是在卖关子，因为马拉松比赛比的是耐力和超强的体力，与智慧有何关系呢？

再后来，山田本一参加了在意大利举办的国际马拉松邀请赛，又一次夺得冠军。记者们依然追问他是如何取得好成绩的，他依然回答："凭着智慧。"毫无疑问，记者依然疑惑不解。直到十年之后，山田本一出版了自传，这个谜底才被揭开。原来，山田本一每次比赛前，都会提前熟悉比赛线路，并且一一画下显眼的标志，直到整个赛程结束。发令枪一响，他就会以参加百米比赛的速度冲向第一个标志物，如此类推，直到冲向赛程终点的最后一个标志物。随着不断超越每一个目标，他也越来越自信。因此，他几乎始终在以百米赛跑的速度完成比赛，所以才能遥遥领先地跑完四十多公里的赛程。

对山田本一来说，如果把四十多公里的赛程看成一个整体，则一定会产生畏难和抵触心理。而当他把全程分成若干个一百米时，他总是能够不断地超越近在眼前的目标，从而获得自信，也获得勇气和力量继续跑下去。这是一种分解目标的方式，也是登门槛效应的典型表现。很多马拉松选手都会半途放弃，就是因为他们觉得任务艰巨，难以完成。而山田本一则不同，他的目标就在眼前，只要实现了这一个目标，再接二连三地实现接踵而至的一个个小目标，他就距离成功不远了。

生活中，在向他人求助时，如果任务艰巨，不能一蹴而就，不如也借鉴登门槛效应，把艰巨的任务划分为一个个小的阶段性任务，从而让他人先接受帮我们一个小忙，然后再接受帮我们一个小忙，最后循序渐进，让对方同意帮我们一个大忙。如此一来，我们的愿望就实现了。巧用登门槛效应，就能如愿以偿地得到对方的慷慨帮助。

正话反说，巧用逆反心理

生活中，很多人都有逆反心理。所谓逆反心理，也就是我们平日里所说的与他人对着干。拥有这种心理的人，总是不会心甘情愿地接受他人的指挥和安排，不是与他人背道而驰，就是对他人的话不理不睬。当父母遇到青春期叛逆的孩子时，往往感到头痛万分，因为他们不知道怎样才能让孩子听话。对于此种叛逆心较强的对象，就需要懂得变通，用一些灵活的办法，让他们按照我们的需要去行事。

学校里发下通知书，想让孩子们报名参加兴趣班。正在读初一的小强逆反心理很强，正处于爸妈让他往东他偏要往西的阶段。对此，妈妈看了报名表之后，原本是想让小强报名参加篮球班，一则是小强有些胖，二则是小强的视力不太好，因而妈妈想让他多多运动，增强体质，也改善视力状况。但是，根据小强妈妈对小强的了解，不能直接建议小强报篮球班，否则就算小强本来想报篮球班，也会因为叛逆而报名参加其他兴趣班。于是小强妈妈和爸爸一起商量出了一个好办法。

妈妈问小强："小强，你觉得围棋班或者英语班怎么样？"小强不置可否地看着妈妈，毫不客气地说："怎么，你想给我提供建议？"妈妈笑了，说："不敢不敢，我只是觉得你这么文静，况且你这一身的小肥肉，肯定动不起来。不如就不要为难自己，报名参加这种倾向于安静的特长班更好。而且，英语班还能提升英语成绩呢！"小强不服气地说："谁说我好静啦！谁说我动不起来啦！我明明身轻如燕，好不好？有你们这么小瞧人的吗？"妈妈心中窃喜，看来小强有些上钩了。想到这里，妈妈赶紧控制表情，以免流露出欣喜的意味，继续说："小强，真的，我觉得你不要为难自己。你看看，你的体重，如果去打篮球的话，一定会很辛苦的。你吃不了那个苦，真的。"小强撇着嘴看着妈妈，妈妈继续若无其事地说道："当然，你可以不按照我的建议报围棋班或者英语班，但是我觉得你最好不要报篮球班，否则一定有你的苦头吃。"说完这些话，妈妈就与爸爸出去散步了，家里只剩下小强一个人，他闷闷不乐地想：切，居然敢说我绝对不能报篮球班，那我就偏偏要打篮球给你们看看。我不但要减肥，还要成为篮球王子，打出点儿成绩来！

次日，小强去学校报名参加了篮球班。直到参加了七八次活动之后，他才装作漫不经心地和妈妈说："妈妈，下周我们学校有篮球比赛，你想去看我打比赛吗？虽然都是初级水平，但是我想也已经够你欣赏了。"妈妈其实早就从老师口中知道了这件事情，却故作惊讶地说："你！你……你要打篮球比赛？真的吗？我没听错吧！"小强暗暗得意，说："当然，你儿子还是前锋呢！怎么样，你去看吗？不去也没关系。"妈妈连连点头，说："嗯嗯，我当然要去，我怎么能错过我儿子打篮球比赛这种稀罕的事情呢！"

出乎妈妈的预料，小强在比赛中的表现特别好，而且妈妈在观看比赛的过程中才突然发现，小强比以前瘦了很多，身体也变得矫健灵活。晚上回到家，妈妈迫不及待地把这个消息告诉了爸爸，夫妻俩偷偷地高兴了好久！

妈妈很了解小强，他是一定要违背父母的意思，与父母对着干的。因而，妈妈左思右想才找到好办法，那就是正话反说，最终让小强在逆反心理的作用下，选择报名参加篮球班，并且一鼓作气地锻炼，进步神速，终于在篮球比赛上给了妈妈一个惊喜。

对于这些逆反心理比较强的人，如果足够了解他们，知道他们将会在逆反心理的作用下做出怎样的举动，那么我们完全可以背道而驰，故意正话反说，促使他们朝着我们期望的方向努力。如此一来，他们不但无法洞察我们的真意，而且会因为我们毫不客气的激励和鞭策，变得动力十足，最终一定会给我们一个惊喜。用这种方式来说服他人，不但不露痕迹，而且效果显著。

好心情效应，好时机让语言更有说服力

古人云，天时地利人和。意思是说在做事情的时候，只有主观的美好愿望是远远不够的，还需要客观条件、外部环境达到一定的契机。如诸葛亮草船借箭，纵然是神机妙算，也一定要等到起雾且风向适宜的时候，才能获得成功，这就是时机。时机既可以是诸葛亮草船借箭的天机，也可以是人为营造的好机会。很多时候，唯有抓住时机、契合时机，才能取得成功。

很多人仅凭三寸不烂之舌，就能取得成功，这其实并不在于他口若悬河地说了多少话，而在于他是否掌握了说话的时机。每一个会说话的人，不但能把语言组织得很好，也能够把握好说话的时机，把话说得恰到好处，打动人心。懂得抓住时机的人，不会一味地说话，而是说起话来张弛有度，该说的时候就说，不该说的时候就停止，这样他的话才能事半功倍，达到预期的效果。毋庸置疑，话并非说得越多越好，很多时候如果口无遮拦说错了话，说出去的话如同泼出去的水，就会造成恶劣的后果，再也无法挽回。法国著名作家大仲马曾经说过："一个人无论多么擅长语言表达，都要避免言多必失，因为如果说得太多，就一定会说出愚蠢的话来。"就连运用文字纯熟于心的大作家都这么自律，更何况是作为普通人的我们呢？所以只有谨言慎语，才能发挥语言的最佳作用，避免祸从口出。

有个印刷厂老板，在他五十多岁就要退休的时候，突然意识到印刷厂必须更换设备了，因而他精打细算，决定购置一批新机器，新机器使用几年到他退休的时候，还有七八成新，至少可以卖到 300 万美元。因此，在购置机器之初，他就打定主意将来要把机器卖到 300 万美元。

几年的时间过去了，老板即将退休，因而开始张罗售卖机器。有一天，他接待了一个买主，买主非常挑剔和苛刻，对着老板滔滔不绝说出了机器的很多缺点和不足。老板原本很恼火，觉得买主根本不是来买机器的，而是来嫌弃和挑剔机器的。他正准备发火，突然想到，自己既然要把机器卖到 300 万美元，就不能得罪每一个买主，万一这个买主能出到 300 万美元呢！为此，他按捺住自己的不悦，继续听买主挑剔。买主滔滔不绝说了很久，到最后终于有点儿累了，总结似的说："这批机器，我最多只能给你 380 万美元，因为维修它还至少需要 20 万美元呢，你就便宜 20 万美元吧，就当是给我维修的费用。"听到买主的这句话，老板心里简直乐开了花，但是他装作勉为其难的样子，稍微犹豫了一下才答应了买主的要求。就这样，老板多卖了 80 万美元，买主少花了 20 万美元，双方对于这次交易都非常满意。

言多必失，把握不好时机，就会给自己带来巨大的损失。假如买主能够稍微放缓说话的速度，不那么咄咄逼人，也能够询问老板想要多少钱卖掉机器，那么他至少能节省 80 万美元。正因为他没有掌握好说话的时机，才导致自己"损失惨重"。幸好沾沾自喜的老板不会告诉买主他多花了多少冤枉钱，否则买主该多么心痛啊！

说话的效果取决于语言的多少，任何时候，少说话都能够留给我们更多的时间思考，让我们变得更加理智。很多人习惯于快速说话，却不知道自己的思维根本跟不上说话的速度，最终导致的结果就是祸从口出。对付这种滔滔不绝的人，最好的方法不是和对方一样口若悬河，而是能够始终保持冷静和理智，等着对方露出破绽。

人际期望效应，人人都喜欢"高帽子"

现代社会，不管是父母对待孩子，还是成人之间的交往，都更加重视赞美的作用。因而，与以往的不好意思直接赞美他人相比，现在越来越多的人把赞美挂在嘴边。虽然慷慨的赞美有利于人际关系的提升，但是泛滥的赞美却往往事与愿违，导致事情改变了味道。

很多人在听到他人频繁的当面赞美时，总觉得这份赞美是虚情假意的。因而，他们非但不感激对方的赞美，反而对对方心生抵触，甚至产生戒备心理。在这种情况下，慷慨地给予他人赞美已经不是当务之急，最要紧的是如何采取最恰到好处的方式，才不至于让赞美产生误解。

只要用心细心，赞美还是有很多办法能让他人相信的。例如，对于初次见面的陌生人，我们应该赞美其显而易见的优点；对于熟悉的人，我们应该赞美他们不为人所注意的地方；对于虚荣心强的人，我们可以当着他人的面给予赞美；对于低调内敛的人，大张旗鼓地赞美往往会使其感到不适，唯有真诚的、发自内心的赞美，才能让他感受到你的用心……在诸多方法中，最好的赞美方式就是背后赞美。

何为背后赞美呢？顾名思义，就是在被赞美者不在场的情况下，真诚地当着他人的面赞美他们。要知道，和容易让人误以为动机不纯的涉嫌溜须拍马的当面赞美不同，背后赞美时，被赞美者并不在场。也是从这个角度出发，恰恰证明了背后赞美一定是发自内心的，否则谁会在当事人不在场的情况下拍马屁呢！

由此可见，背后赞美已然成了真诚赞美的表现，一句背后的赞美，或许可以收获一百句当面赞美都无法得到的效果。因而，聪明人一定会使用背后赞美的方法，给予他人真诚的赞美，也实现自己打动他人的愿望。也因此，当他人从第三者口中听说你对他背后赞美时，一定会对你刮目相看，甚至还会消除曾经对你的误解，与你化干戈为玉帛。

单蕾毕业后就进入现在的这家公司工作，因为不懂得人情世故，也不明白职场的很多潜规则，所以没少得罪人。这不，前段时间上司因为单蕾负责的一项工作没做好，就大发雷霆，当着办公室所有同事的面训斥单蕾。单蕾从小在父母的细心呵护下长大，哪里受过这个气啊？因而当场与上司顶撞起来，弄得上司也非常难堪。为此，上司气得愤然离去，不愿意再与单蕾沟通。

事后，学姐知道这件事，狠狠地批评了单蕾一顿，说："你这个黄毛丫头，初出茅庐，哪里懂得职场上的艰难啊！难道你以为上司也会像你的父母那样宠爱着你吗？别做梦了。对于上司，总归是应该尊重的。上司训斥你，你还觉得丢脸，那么你当着那么多人的面顶撞上司，不买上司的账，难道上司不觉得丢人吗？如果不想办法尽快缓和关系，上司现在冷落你，过段时间就该找个理由辞退你啦！"听了学姐的话，单蕾这才意识到问题的严重性。然而，让她直接找上司道歉，她可不甘心，也不好意思。如何才能既向上司示好，又保全自己的面子呢？思来想去，单蕾想出了一个好办法。

有一天中午吃饭，单蕾特意凑到马凯身边，与马凯同坐一张桌子。原来，马凯是上司的心腹，上司不但工作上器重马凯，而且与马凯私交甚好。单蕾一边吃饭，一边漫不经心地谈起自己工作以来的感触。她不露痕迹地说："马凯，你最喜欢办公室里的谁呢？"马凯笑而不语，说："你呢？"单蕾逮住机会赶紧说："我最喜欢张主管。虽然他是我们的顶头上司，而且对我们要求严格，但是在他的管理下，我觉得自己进步神速呢！最重要的是，张主管特别宽宏大量。上次，我在办公室里公然与张主管顶撞，原本以为自己一定死定了，肯定会被开除。不承想，这都半个月了，张主管对我一如往昔，还是经常点拨我，帮助我。要不是张主管宽容，只怕我现在又在四处找工作呢！"马凯笑着说："当上司也不容易，我们都要互相体谅啊！"事后，马凯在与张主管聊天时，自然而然地说出了单蕾的这番话，张主管笑着说："这个小丫头，还算是有良心，心思也挺细腻。"

不得不说，单蕾还是非常聪明的。她既不好意思直接找张主管道歉，又担心自己的工作不保，因而就想出了这个两全其美的好办法，背后赞美张主管，既收到了良好的效果，又保住了自己的工作，还有可能得到心中释然的张主管特殊的优待，简直好处多多。

任何时候，背后赞美他人的效果都是更加显著的，比当面的恭维显得更真诚，也更容易让人信服。尤其是在职场上与上司相处时，当面的赞美很可能被当成曲意逢迎、阿谀奉承，但是背后赞美则不存在这个问题。有朝一日你的赞美传到上司耳朵里时，你一定会在上司心目中留下好印象。此时，即使你与上司此前有什么不愉快，也会烟消云散。

冷热水效应，"抑"与"扬"的顺序很重要

没有人愿意被他人批评，大多数人都喜欢听到他人对自己的赞美，而不愿意被否定。但是，人非圣贤，孰能无过？人从呱呱坠地开始，实际上就已经开始了不断犯错的过程，但也正是在不断犯错和改正错误的过程中成长起来的。那么，当我们面对犯错的孩子、家人或者朋友、同事时，难道就因为对方不想接受批评，所以始终保持沉默，任由对方在错误的道路上越走越远吗？

当然不是。人之所以在错误中成长，并非因为错误本身能够使人成长，而是因为人们犯错之后得到批评和指正，所以才能及时改正错误，让自己在人生的道路上更进一步。从这个角度而言，人就是在不断改正错误

的过程中进步和成长的。那么，有没有什么方法能够使他人乐于接受我们的批评，而且对我们的批评心服口服呢？除了采取恰到好处的方式批评他人之外，我们的态度也需要摆正。

细心的人会发现，当我们义正词严地批评他人时，他人一定会对我们心生不满，甚至对我们心怀怨恨，导致我们的批评效果不好。假如我们能够采取迂回曲折的方式，在批评他人之前先进行自我批评，那么哪怕我们严厉地批评他人，他人也无法否定我们，更不能因为我们的批评，就对我们有意见。毕竟我们是先批评了自己，以身作则，勇敢地承担责任并反思之后，才客观公正地指出他人的错误。这样一来，他人自然无法和我们闹意见，更不可能对我们的批评过于抵触。要知道，批评的目的并非发泄情绪，也不是让被批评者丢掉面子，而是希望被批评者能够积极反思自己，取长补短、扬长避短，对我们的批评有则改之，无则加勉。只有被批评者取得进步，我们的批评才算有效。

作为一个十岁孩子的妈妈，张梅一直对儿子的教育问题感到头疼。儿子小时候还好，对于妈妈的教诲能够记在心里，积极改正。但是随着儿子越长越大，他也有了自己的小心思，自主和独立意识越来越强，所以对于妈妈的批评总是不以为然，有的时候还很不服气呢！

有一天，张梅因为头一天加班工作太累了，所以起晚了，没有及时叫醒儿子起床。再加上起床之后，儿子一直磨磨蹭蹭，于是上学就迟到了。儿子被老师狠狠地批评了一顿，还和其他一个迟到的同学被罚站了。晚上回到家里，张梅没有像以往一样直接批评儿子动作太慢，而是先进行自我批评，主动向儿子承认错误："儿子，今天大部分责任都在妈妈身上，是因为妈妈起晚了，所以没有及时喊醒你。"儿子听到妈妈居然在向自己道歉，觉得非常诧异。在得到儿子的原谅后，张梅又说："不过，我觉得如果你的动作能够更快一些，我们很有可能不会迟到。你看到过部队里的人都是如何做事情的吗？很多新兵入营，都会半夜集训，要求他们在几分钟的时间内穿好衣服，打好背包。听起来好像是不可能完成的，但是通过努力锻炼，还是可以做到的。当然，你还小，也不是新兵，妈妈不会这么要求你，只是希望你能稍微快一些。毕竟早晨的时间很紧张，如果你想多睡一会儿，那么起床之后你就要加快速度，节省时间。你觉得呢？"以往每次被妈妈批评，儿子都会非常抗拒，但是这一次，儿子显得非常体贴，居然主动向妈妈承认错误："妈妈，的确是因为我太磨蹭了。你放心吧，我以后会努力更快一些的。"看着一下子变得懂事的儿子，张梅感到十分欣慰。

其实，儿子并非突然变得懂事了，而只是因为张梅的自我批评，给儿子做出了好榜样，使得儿子也能够主动反思自己，从而更加深刻地意识到自己的缺点和不足，也能够心甘情愿地积极改变。任何情况下，我们都要设身处地地为他人着想，千万不要不分青红皂白就呵斥他人，否则他人会因为受到误解而心灵受伤，或者会因为记恨我们，反而变本加厉。

自我批评，首先体现了我们对于某件事情的态度，我们先表明自己的态度，他人才会对我们的批评显得更加宽容和理解，也不会再因为我们的批评而产生逆反心理，甚至导致事与愿违的结果。因而真正明智的人，在批评他人之前，都会进行适当的自我批评，以此增强批评他人的效果，使得他人乐于接受我们的批评，更能够积极主动地改变自己。

互惠原则，站在同一艘船上

一个人在面对对手或敌人的时候，必然心怀戒备，甚至不愿意多说什么，生怕被对方设计陷害了。但是在面对自己同一战壕的朋友时，却能够做到坦诚相见，甚至把自己的很多隐私都告诉朋友，只为了与朋友掏心掏肺，关系更近一步。实际上，这就是人心理的微妙表现，即人的本性都是趋利避害的，都愿意让他人帮助我们进步，而不愿意被他人伤害或者拖后腿。也因此，在人际交往过程中，大多数人虽然会背叛朋友，却不会背叛自己的利益，有些人为了利益，甚至宁愿与曾经的敌人携手并肩。正如那句名言所说，没有永恒的敌人，只有永恒的利益。的确，在利益面前，一切皆有可能。

从这个角度而言，如果想要与他人搞好关系，一味地示好未必有用，但是假如我们能摇身一变，和他人成为同一战壕的盟友，那么我们与他人就会成为利益共同体，每个人也都愿意为了维护共同的利益而付出自己最大的努力。

但是这是否说明了人与人之间只有赤裸裸的利益关系？其实不然。这只是告诉我们人与人之间互惠互利很重要。很多头脑活络的人从这个现象上也能找到更好的人际相处之道，那就是在与他人合作的时候，不要为了自己的利益而挤压他人的利益，而是要学会谦让，从而保证他人在与自己合作的过程中是有利可图的，唯有如此，你们之间的合作才会更加长久。香港大富豪李嘉诚，在商业领域之所以做得那么出色，就是因为他一直坚持的合作原则是，一定要让合作者有利可图，而且要在可行的范围内让利给合作者，从而保证合作者的利益。从表面来看，李嘉诚似乎并不懂得赚钱的道理，但是实际上他是眼光长远，争取长期的合作。假如李嘉诚在漫长的经商过程中总是压榨其他人的利益，日久天长，必然没有人再愿意与他合作，他的商业帝国也就不会存在。

当然，我们只是普通人，没有李嘉诚那样的大手笔与很多商界奇才合作，但是作为普通人，哪怕不做生意，也是需要经常与人打交道的。在和他人交往时，与其斤斤计较，得理不饶人，不如胸怀宽大，在言语上礼让他人几分。这样的退让看似是怯懦，实际上是大格局的表现，是能够赢得他人的认可和尊重的。

大学毕业后，张娜如愿以偿地进入一家大公司工作。初来乍到的她，发现同事关系非常难处。大多数同事对张娜非常冷淡，有一两个同事可能觉得张娜威胁到了他们的地位，因而对张娜虎视眈眈，充满敌意。

有段时间，张娜居然被个别同事在背后告黑状，打小报告，这让张娜非常郁闷，甚至想要辞职。但是学姐告诉她："新人进入职场，如果没有人脉，也没有什么资源，遭遇这样的困窘是很正常的。你可以与一些同事建立互惠互利的关系，或者加入某一个比较牢固的小团体中，这样才能避免孤军奋战。"在学姐的建议下，张娜选择向办公室主任刘姐靠拢。据说刘姐到公司七八年了，而且人脉很广，再加上刘姐这人本身也挺好的，偶尔还会照顾张娜。为此，张娜顺水推舟，加入了刘姐的小团体。果然，在此之后，张娜就像是找到了组织一样，不再孤单，不再无可依靠了。

在复杂的人际关系网中，大多数群体内部都有所谓的小团体。加入小团体，并不意味着太多形式上的东西，而是意味着人与人之间利益相关，为了维护共同的利益，大家不得不抱团取暖。

当然，我们与他人之间的利益并非一直存在。有的时候，我们要创造条件让他人与我们利益相关、利益一致。电视剧《伪装者》中，作为三料间谍，王凯饰演的阿诚就把汉奸梁某变成了自己的利益共同体，从各个方面牵制梁某，使得梁某虽然不情愿，却也只能想方设法保护他们，维护他们的利益。当然，现实生活不会像谍战片那么精彩和扣人心弦，只需要找出与他人的利益平衡点，就能与他人形成共同利益。

此外，只有共同利益还是不够的。要想得到他人的认可、尊重和忠心拥戴，还要学会站在他人的立场上考虑问题，维护他人。很多推销人员之所以能成为销售界的传奇，就是因为他们的目的不是卖出商品，而是竭尽所能地帮助客户达到满意的结果。这样一来，他们自然会把销售工作做到极致，并得到客户的认可和尊重。

最后，还要审时度势，与时俱进。每个人的利益各不相同，每个人不同时间或者不同人生阶段的追求也各不相同。唯有擦亮眼睛，才能更好地与他人结盟，从而最大限度地保障自己的利益得以实现。

第三章

实用沟通技巧，
做言语上的"巨人"

知己知彼，才能屡战屡胜

常言道，知己知彼，百战不殆。这个道理不但适用于战场，也同样适用于人际交往。每一个个体在这个世界上都是唯一的，没有两片完全相同的雪花，也没有两个完全一样的人。与人交往时，要想把话说到他人的心坎儿里，首先就要多多了解他人，洞察他人的内心。当然，了解他人的心理也并不是那么容易的事情，需要仔细观察，用心思考。对于初次见面的陌生人，我们可以从侧面进行了解。如果对方是一位名人，可以从网络或者书籍上了解对方的更多信息，从而做到未雨绸缪。

从他人的兴趣入手，是与他人拉近关系、变得亲近的最好方式。当然，每个人的兴趣爱好都是不一样的。在与人交往时，如果想从他人的兴趣爱好入手，与他人拉近关系，那么毋庸置疑，首先要做的就是了解他人的兴趣爱好，才能有的放矢，事半功倍。在这个过程中，有些朋友会陷入一个误区，即认为自己只要了解对方的兴趣爱好，就能与对方有共同语言。的确，粗浅的共同语言很容易获得，但是如果想要与对方深入交流，尤其是要和对方一样感受到兴趣给自己带来的乐趣，那么只了解对方的兴趣爱好是不够的，还要真正去做对方感兴趣的事情，从而真正体验到对方从兴趣爱好中获得的乐趣。这样一来，可想而知，对方在与你交谈时一定会一见如故，相见恨晚，甚至会觉得你就是他遍寻不得的志同道合的朋友。这样的社交境界，并非轻而易举就能获得。

希尔顿酒店在全世界都大名鼎鼎，因而很多有身份地位和经济实力的客人，都会选择入住希尔顿酒店。有一天，一位美国女性行色匆匆地入住希尔顿酒店。看起来这位顾客衣着考究，言谈举止都带着掩饰不住的高雅，因而让人印象深刻。细心的酒店经理还发现，顾客的鞋子、帽子和皮箱，都是鲜艳纯正的中国红，这使她显得更加与众不同。入住之后，顾客很快就离开酒店，去参加提前约好的正式会谈了。

这时，酒店经理抓紧时间让服务人员一起把这位顾客房间的地毯、窗帘和床品等，都换成了中国红。顾客回来之后，发现房间完全变了样子，觉得很惊喜。她赶紧询问酒店经理，酒店经理笑着说："尊敬的女士，我发现您的鞋子、帽子和箱子都是独特的中国红，所以想到您喜欢红色，正好我们酒店有配套的用具，所以就给您换了。希望您能喜欢，也希望您满意。"顾客恍然大悟，不由得为酒店经理的体贴入微而感动，因而当即开出一张巨额支票给酒店经理和服务人员作为小费。

作为初次见面的人，酒店经理就能如此细致入微地观察到顾客的喜好，由此可见，当一个人了解他人的兴趣爱好，并且可以做到投其所好时，就会得到出人意料的收获。不得不说，酒店经理的营销和服务是非常成功的，他不但得到了顾客的不菲小费，而且也为酒店争取到一个更加忠诚的顾客，可谓一举两得。

当然，我们之所以了解他人的兴趣爱好，并非为了拍马溜须、曲意逢迎，而是因为人的本性就是趋利避害。需要注意的是，感受他人的兴趣爱好，与他人同乐的前提是，不要勉强自己。毕竟刻意伪装出来的兴趣爱好并不长久，如果勉强假装和别人有着相同的兴趣爱好，也很难打动对方的心，博得对方的好感。

具体而言，要尊重他人的兴趣爱好，哪怕他人的兴趣爱好是我们所厌恶的，也要意识到他人有自己的爱好是他人的权利，而无须取悦任何人。在他人诉说兴趣爱好的时候，一定要认真专注地倾听。要知道，当我们的倾听打动对方时，对方也会对我们产生好感。此外，在他人的兴趣爱好领域，他本人无疑是最有发言权的。哪怕他不小心说错了什么，或者表现出自己局限的一面，我们也不要不合时宜地好为人师，更不要不顾他人颜面地指出错误。必须记住，我们不是鱼儿，无法真正感受到鱼儿的乐趣，所以只有尽可能正确地和鱼儿和谐相处，而不要企图改变鱼儿。在和他人交往时，不管是与他人一起谈论还是真正体验他人的兴趣爱好，都是能够拉近我们与他人关系的方式，都能对我们与他人的人际交往起到事半功倍的作用。

示弱，四两可拨千斤

生活中有很多强势的人，他们不管说话还是做事，总是要按照自己的心意，最大限度地占尽优势，才能罢休。从表面看来，他们好像是占了很大的便宜，得到了自己想要的利益，可实际上他们却吃了大亏，因为他们的霸道专横导致了他们的人缘不是很好，很多情况下，人脉资源最重要。既然如此，为何要与人针尖对麦芒呢？其实，口头上占便宜，对我们的生活和工作不会有任何有利的影响。如果同样的意思用委婉曲折的方式表达出来效果更好，我们就不应该为了逞一时的口舌之快，而故意与他人争执不休。

很多人都知道以柔克刚，却不知道说话时也应该遵循柔道术，才能不动干戈就得偿所愿。从心理学的角度来说，人们更倾向于同情弱者，因而也会更多地照顾弱者。相反，人们虽然膜拜强者，却也会有硬碰硬的心态。不管从哪个角度来说，以柔克刚都算得上是一种攻心术，能够帮助我们以柔弱的形象示人，从而得到最好的结果。要知道，每个人的心中都有最柔软的地方，所谓百炼钢也成绕指柔，就是要打动他人心中最柔软的所在。

在成为美国总统之前，林肯曾经是一名律师。有一天，林肯正在专心致志地办公，突然传来敲门声。随着林肯的应声，一个双眼通红的老夫人推开门走了进来。一看到林肯，老夫人就开始掉眼泪。林肯不知所措，赶紧安慰老夫人："您有什么需要帮助的？不要哭，慢慢说，我一定会帮您的。"老夫人听到林肯的承诺，止住哭声，开始倾诉："我的丈夫在独立战争中牺牲了，因此，我这么多年来一直靠政府发放的抚恤金生活。然而，发放抚恤金的工作人员特别贪婪，前几天居然勒索我，让我拿出至少一半的抚恤金来交手续费。我从未听说过手续费，要是没有抚恤金，我就无法活下去。我该怎么办呢？"说到这里，老夫人又开始伤心地哭起来。林肯气愤地说："我会为您伸张正义的。您放心吧，那个工作人员的诡计不会得逞。""但是……但是……"老夫人迟疑地说，"我没有钱支付律师费，我的抚恤金只够我勉强维持生活。"林肯毫不迟疑地说："放心吧，我不收您任何钱，我义务帮助您。"

由于那个发放抚恤金的工作人员是口头勒索，因此林肯的取证工作进行得非常艰难。在法庭上，林肯因为证据不足，不得不打起感情牌，当着法官和陪审团的面，回顾了美国艰难的独立战争。最终，林肯呼吁："为祖国的独立抛头颅洒热血的英雄值得钦佩。在如今的和平年代，我们不能让他们的遗孀失去活路。眼看着这个孤独无依的老人，难道你们忍心让她再失去赖以生存的抚恤金吗？难道你们忍心让英雄在地下灵魂不安吗？"听完林肯的申诉，包括法官在内的所有人都情不自禁地落下泪来。最终，林肯成功地维护了老夫人的合法权益，赢得了这场没有硝烟的战争。

不管是老夫人得到林肯的帮助，还是林肯最终凭借感情打动法官和陪审团的心，他们都有一个共同点，即懂得示弱，以弱势群体的姿态出现，最终成功地赢得人们的同情和照顾。老夫人是用自己的悲惨命运和一生孤苦打动了林肯，让林肯主动义务为她打官司；林肯是用老夫人的悲惨遭遇和凄苦一生打动了法官，最终赢得了这场官司，捍卫了老夫人的合法权益。从这个事例中，我们不难看出，在很多情况下，如果想要得到他人的帮助，只需要表现出弱势，就能如愿以偿。和很多人在请人帮忙时还义正词严相比，弱势显然是更好的姿态。

在自然界中，有很多生物都会采取示弱的态度生存，如枯叶蝶，往往把自己伪装成枯叶的样子，躲过天敌；再如变色龙，也是通过减弱个性色彩的方式来与环境融为一体，从而成功地生存下来。这些弱势的表现，都是生存的智慧。在自然界漫长的进化过程中，恰恰是这些个性不分明的生命体，成功地保护了自己免遭侵害，更好地生存下来。

把这个规律运用到人际沟通中，能够学会示弱，与外界环境相融的人，是深谙处世艺术的人。人，天生具有同情心，而且天生同情弱者。因而，太过强势，往往就会成为众矢之的；相反，当你表现弱势时，反而能够得到他人的主动相助，从而使自己的生存处境变得更好。如果在表现弱势的同时，还能适当地恭维和抬高对方，则效果会更加显著。总而言之，同情弱者是人们的天性，人与人的相处只要打好感情牌，很多沟通的难题就会迎刃而解。

有时"无声"胜有声

爱默生曾说："所谓的耳聪，也就是倾听的意思。"几乎每一个哈佛大学的学子都注重培养自己专注倾听的能力。他们都清楚地知道，倾听可以使自己像海绵一样，吸取他人的经验教训，让自己在人生道路上少走弯路，同时收获他人的友谊，让自己在交际圈中更显个人魅力。

每个人都是有表现欲的，只要有合适的机会，谁都喜欢发表自己的意见。所以如果给对方一个说话的机会，让他尽情地表达自己，他会觉得你尊重和认同他，值得交往。有些人不能给人留下好印象，往往是由于他们不注意倾听别人的话。

在与人沟通的过程中，如果能静下心来倾听对方的话，会更有利于你的成功。倾听，可以让你及时了解对方的想法。而且，在你专心致志地倾听时，对方也会有一种被尊重、被重视的感觉，这样必能拉近双方的距离，从而让你更顺利地把事情办成。

华珍普通高校毕业，家境一般，长相也很普通，但是她的人缘却出奇地好。她拥有很多朋友，而且大部分都视她为知己。有什么开心的事，大家都会与她分享；发生了不愉快的事情，大家也都乐于向她倾诉。

有一次华珍生病了，虽然只是小毛病，但是来看她的人络绎不绝，大家都关切地嘘寒问暖。华珍的一个好友阿雨羡慕不已，问道："哇，华珍，你人缘怎么这么好！大家为什么都喜欢你呢？"

华珍笑了笑，说："我给你讲一件事吧！是关于小芬的。有一天，小芬来找我，一坐下便开始哭，我也不知道怎么回事，就倒了一杯热茶，坐到了她的对面。小芬哭了一会儿，便对我说，她最近被单位的一个小人暗算了，害她被领导骂了一顿。她的男朋友最近也跟她提出了分手，她觉得生活完全没有希望了。我什么话也没有说，只是拍拍她的肩。小芬不停地讲着，把心中的苦恼全都说了出来。说完之后，小芬长叹了一口气。我问她，现在觉得好些了吗？小芬擦擦眼泪，对我说，她在来的路上觉得快要活不下去了，现在感觉好多了。我握住她的手，告诉她不管发生了什么，我都是她最好的朋友。最后我们一起商量如何挽回她工作上的失误，如何顺其自然地对待感情。现在你再看小芬，家庭美满，工作顺心，多幸福啊！"

阿雨看着华珍，说："我明白了，原来倾听竟有这么大的力量！"

倾听之所以如此重要，是因为听别人讲话不仅是一个人具有良好素养的表现，更是对说话者的尊重。有了这个基础，人们才会愿意把你视作可以信赖的知己。

很多人觉得语言是最有力的表达，殊不知，在特定的情况下，倾听是更有力的无声语言。古希腊流传着一句谚语，大概意思是说，聪明人凭借经验说话，充满智慧的人却凭借经验选择不说话。

自黑，是幽默的最高境界

很多人觉得，拿自己开涮是非常尴尬的事情。实际上情况恰恰相反，大多数能够拿自己开涮的人，一定有着超强大的内心，他们从不畏惧来自外界的诋毁和伤害，能够做到镇定自若。自嘲的人往往有自知之明，他们知道无论自己怎么调侃自己，自己的优越性都不会随之消失，自己的实力也不会因此而减退。

来到新公司之后，对于办公室里几个已经成为同事好几年的女孩，薇薇总是觉得彼此之间隔着万水千山，无论如何都亲近不起来。这倒不是因为薇薇不好相处，而是那几个女孩几年来朝夕相处，就连节假日也经常相约一起度过，因此作为一个小团体的她们根本不愿意接纳新成员。为了攻入这个小团体，薇薇简直煞费苦心，但收效甚微。

一天中午，有个叫思雨的女孩，在网上买了件时髦的旗袍。趁着午休，她迫不及待地换上旗袍让其他小姐妹看。看着几个女孩热闹地围在一起叽叽喳喳评价旗袍，一旁的薇薇便想出了一个好主意。当她听到思雨说："哎呀，我最近就是长胖了，以前我穿 M 码的衣服是宽松的，现在你们看，紧绷绷的，名难为情。"薇薇凑上去说："你这哪叫胖啊！肯定是以前太瘦了，你现在不胖不瘦，刚刚好，既纤细苗条，又匀称丰满。哪里像我啊，告诉你们，我的腰围二尺六呢，我和你们一比，简直就是个大水桶。就像你这件漂亮的旗袍，穿在你身上叫倾国倾城，穿在我身上直接就爆裂了。"听到薇薇这么抬高她，思雨高兴得合不拢嘴。尤其是听到薇薇把自己形容成大水桶时，思雨便更觉得自己婀娜多姿了，因而她马上高姿态地说："哎，你这也不是胖，是比较丰满。而且，现在有好多大码的衣服呢，穿起来特别有派头，可惜我这样的，想穿也穿不起来，倒是很适合你。"薇薇惊讶地说："真的吗？我很少上网买衣服啊，我买衣服特别困难，要是有合适的，你一定要给我推荐啊！"

第二天，为了报答薇薇贬低自己抬高她的情谊，思雨为薇薇在淘宝上找了一件大码的衣服，这件衣服看起来飘飘洒洒，非常有气质。薇薇说："既然你说好，我就相信你的眼光。我是最不会买衣服的，这下好啦，有你为我把关。"如此一来二去，薇薇和思雨的关系越来越亲近，也逐渐融入了小团体之中。

为了抬高思雨，薇薇慷慨大方地嘲讽了自己。当然，这也算不上过分地贬低，因为薇薇的粗壮身材和思雨的纤小娇弱恰恰形成了鲜明对比，也算是名副其实。只不过薇薇以带着贬损的语气说出来，让思雨觉得无限感激。其实，很多女孩在说自己胖的时候，都是为了获得他人的夸奖。思雨也是如此，她如愿以偿地得到了薇薇的真诚赞美，可谓心满意足。既然如此，她当然也会想着回报薇薇，也为薇薇做些力所能及的事情。如此礼尚往来，让她们之间的关系越来越亲密。

曾经有位名人说，自嘲是最高境界的幽默。的确如此，能够坦然自嘲的人，一定有着超强的心理素质，也不会因为一些无关紧要的事情就否定自己。在自嘲的同时，倘若还能顺带着抬高别人，讨得别人的欢喜，岂不是一举两得吗?！真正的强者，无畏自嘲，也不怕贬低自己，因为他们很清楚自己的实力，也不担心会因为自嘲和贬低就真的降低自己。人际交往中，显而易见的赞美并不容易，往往会有拍马溜须之嫌，但是自嘲则不同，以贬低自己的方式适当抬高他人，既让人心花怒放，又不至于被误解。

说话的分寸，做人的尺寸

今天，是李杜和张倩为孩子办满月酒的日子。五个月前喝过他们结婚喜酒的亲朋好友们，又都心照不宣地带着礼物来给孩子庆祝了。宴会上，大家都很高兴，彼此说说笑笑。毕竟，结婚生子的喜事，总能够给平日里没时间相聚的朋友们提供聚会的机会，这是让人欢欣的事情。尤其是这次还能看到刚刚出生不久的小生命，就更让那些单身的年轻人兴奋了。

宴会进行一半时，刘东才急急忙忙地赶过来。看到其他人都已经送上了礼物，刘东拿出一支美国派克金笔，郑重其事地送给娃娃。李杜笑着说："大哥，您这送得也太早了点儿吧。"此时此刻，大家都正在注视着他们，刘东笑嘻嘻地说："不早啊，你家娃娃可是个急性子。你看别的小宝都在妈妈肚子里赖上十个月，你家才四个月就急急忙忙出来啦！"听到刘东的话，现场突然沉默了，张倩更是满脸通红，不知道该说什么好。幸好，这时候有个朋友喊李杜和张倩过去敬酒，这个尴尬才被掩饰过去，但是从此之后，李杜和张倩都对刘东的嘴巴心有余悸。原来，李杜和张倩结婚的时候已经怀孕五个多月了，所以宝贝才会在结婚四个月之后就降生。尽管现代社会很多年轻人都是奉子成婚，但是刘东这样当着所有亲戚朋友的面开这种过分的玩笑，还是让人非常难堪。

在这个事例中，有些事情大家心照不宣，即使调侃当事人，也应该选在私下的场合，哪怕说得过分一些，也不会让他们觉得丢脸。但是刘东的玩笑显然过度了，而且场合很不合适。尽管现代社会大家对很多事情的观念都非常开放，但是在隆重而又公开的场合依然要讲究说话的原则。对于年轻人而言，最重要的时刻就是结婚和孩子满月，因而不管刘东与李杜私下的交情多么好，他都不应该这么过分地调侃。

在社交场合，一定要注意自己的言谈举止，朋友之间也要讲究尺度。比如私下里能与朋友开玩笑说的话，在公开场合就不可以说；能与朋友开玩笑说的话，如果朋友的女朋友在场，就不可以说；或者在朋友的这种心情下可以开玩笑，在朋友的那种心情下就不可以。总而言之，人际交往的情况随时随地都在变化，要根据情况及时调整交往的策略，否则就会伤害友情，最终让人际交往受到阻碍。需要牢记的是，人都是爱面子的。因此与朋友开玩笑也要掌握这个原则，即不管什么情况下，都不要随意伤害他人的面子。越是亲近的人之间，越是爱面子，因而我们一定要像爱护自己的眼睛一样爱惜朋友的面子，这才是好朋友永恒的相处之道。

找准切入点，话要说到点子上

很多说话的高手，在与他人交流时，总是能够把话说到他人心里去，从而打动他人的心，打开他人的心扉，使得交流更加顺利。也许有些朋友会说："我们又不是他人肚子里的蛔虫，如何做到暗合他人心理呢？"其实，通过察言观色，哪怕是在交谈中，明智者也可以捕捉到很多有效信息，以便更好地了解他人。

只有从根源着手，才能最大限度地解决问题。沟通，也是如此。只有从心理上说服他人，才能让他人更加愉悦地与我们交流，而且敞开心扉，毫无隔阂。可以说，心理学上的突破口，是人们彼此之间敞开心扉沟通的大门。尤其是在现代社会，人们几乎每天都要与他人交流，而交流的主要方式就是语言的沟通。如果你能顺畅自如地与他人谈话，彼此之间毫无隔阂，你的人缘也必定会越来越好。良好的人际关系不但能够使你的生活更加便利，也会让你的事业如鱼得水。

身为一名普普通通的销售员，约翰很想通过向某工厂老板推销产品来证明自己。但是他只是一个刚刚大学毕业的毛头小子，根本不知道如何更好地向工厂老板推销。在请教了经验丰富的老同事之后，约翰想出了一个好主意。他知道那个老板实际上非常抠门，因而决定为那个老板算一笔账。

这天，约翰带着样品去拜访老板。他直截了当地对老板说："您愿意白得这样一台机器吗？"老板有些困惑，不知道约翰想干什么。约翰接着说："这可是一台全新的机器，而且是最新款的，您可以免费得到它。"老板饶有兴致地看着约翰，对于这样的无本生意，精打细算的他当然不会错过。因而，他马上询问约翰具体的情况，约翰说："假如您愿意，您可以先免费试用这台机器一个月。一个月的时间里，这台新型机器强大的节能效果，就会向您证实您每个月将会少付很大一笔电费。而且，根据我的计算，如果您把所有老机器都换成这种节能的新型机器，只需一年时间，您节省的电费就相当于购买机器的费用了。您觉得这笔生意是否划算？最重要的是，这台机器的使用寿命是 20 年，也就是说您可以免费使用这台新机器 19 年，何乐而不为呢？"约翰别出心裁的推销方法，使得老板当即拍板，决定拿出很大一笔钱把工厂里所有的旧机器都换成新机器。

约翰的推销之所以马到成功，就是因为他抓住了工厂老板开源节流的心理，而且也知道工厂老板早就计划更换新机器了。约翰恰到好处地推销，让老板马上就明白更换新机器是很划算的，因此他才会毫不犹豫地与约翰签约。

任何时候，要想说服他人，就要抓住他的心理才能成功打动他，让他怦然心动。不得不说，约翰的推销是非常成功的，而且工厂老板对他的说法也根本无法反驳。当一名推销员把话说到这种程度时，可想而知，他一定是优秀的推销员，也必然会创造更好的销售业绩。

只有找准切入点，让他人怀着愉悦的心情与你交谈，你才能坦然地表达自己的思想和看法，从而将话题引到自己想说的话题上。生活中，有很多话题可以作为交谈的切入点，而愉快交谈的关键就在于这些话题应该是让人心生愉悦的。

当然，针对不同的交谈对象，也要适时地调整切入点。例如，我们和孩子交谈的时候就说些他们感兴趣的话题，关于追星，关于玩乐；如果是和老人交流，就应该说些老人愿意畅谈的话题，诸如医疗、养老等。在职场上，虽然我们的同事大多年纪相仿，但是每个人都是独具特性的。因而，要想与同事更好地交流和相处，首先应该了解他们的兴趣爱好，然后以此为切入点，说些他们感兴趣的话，最终成功地打开他们的心扉，打开他们的话匣子。人与人之间的关系从来都不是一成不变的，要想与不同的个体交好，就必须因人而异、因时而异。

站在他人的角度，动之以情

很多人说话让人觉得乏味，归根结底，是因为他们一味地以自我为中心，根本不考虑他人的感受。在遇到分歧时，他们更是据理力争，只会站在自己的角度考虑问题，与他人争得面红耳赤，最终争赢了他人，却失去了友谊，渐渐失去了好人缘。面对这种情况，要想改变，最重要的方法就是学会换位思考。

所谓换位思考，就是把自己放在他人的立场上考虑问题，从而避免过于主观地强迫他人接受我们的意见和态度，更容易体察他人的想法和主张。通俗地说，就是把自己放在他人的位置上，从他人的角度出发考虑问题，做到真心诚意为他人着想，并且能够更多地理解和体贴他人。当我们把角色互换用于说服他人时，我们就能够更好地体察对方的心思，并对他人感同身受，从而水到渠成地说服他人。

在生活中的很多情况下，尽管我们尽心竭力地说服他人，对其晓之以理、动之以情，但是对方就是不为所动。这种情况的出现，往往是因为我们没有从他人的角度考虑问题，总是一味地从自己的观点出发。我们的长篇大论非但无法打动对方，甚至还有可能招致对方反感。但为什么有些人总是能够轻而易举地说服他人呢？这是因为他们能够站在他人的角度考虑问题，而且在表达自己的意见时也更多地考虑了他人的感受，因而他们说出的话更容易让他人接受。

最近，李艳的心情很不好，因为她接到老师的电话，说她的儿子张宇最近上课注意力不集中，而且也不遵守课堂纪律，下课的时候更是与其他同学打闹，几乎没有一天不闯祸、不挨批评的。老师实在没办法了，只好把这个"皮球"踢给李艳，让她多多管教张宇。

一个周末，李艳准备与张宇好好谈谈，不承想张宇根本不配合，始终低着脑袋，一声不吭。看到张宇的样子，李艳觉得很难受，怎样才能打开孩子的心扉呢？李艳一筹莫展。一个偶然的机会，李艳得知张宇最崇拜的歌星周杰伦要来开演唱会，于是高兴地问他："你喜欢周杰伦吗？我有个好消息想告诉你。"张宇点点头，说："喜欢。要是我也能有一根双节棍就好了。"李艳兴高采烈地说："要是妈妈送你一根双节棍，再带你一起去看周杰伦演唱《双截棍》，你觉得如何？"张宇的眼睛瞬间亮了起来，但是马上又暗淡了，说道："周杰伦演唱会的门票很贵的。"李艳慷慨地说："没关系，妈妈买得起。就这样决定吧，你挑选一根双节棍，妈妈帮你埋单。然后，妈妈再请你去现场听周杰伦的演唱会。"

张宇一蹦三尺高，李艳趁热打铁说："你能告诉妈妈，你为什么喜欢周杰伦吗？"张宇笑着说："周杰伦长得很帅，而且特别有才华，自己作词、作曲，简直太厉害了。"李艳又问："那你知道周杰伦的故事吗？"张宇摇摇头。李艳说："周杰伦小时候学习成绩并不好，还经常不及格呢！但是他在音乐方面却有超乎常人的天赋，最重要的是他坚持自己的梦想，所以最终取得了成功。妈妈从未要求你一定要在学习方面非常优秀，只是希望你也像周杰伦一样，找到自己人生的梦想，好吗？或者你只需要坚定不移地做你感兴趣的事情，妈妈会毫无条件地支持你，就像当时周杰伦的妈妈支持他学习音乐一样。你觉得怎么样？"张宇这才小声地说："我喜欢打篮球。"李艳欣喜地喊道："那当然好啊！男孩子打篮球的样子最迷人了。你大概不知道吧，周杰伦在高中的时候弹钢琴和打篮球的样子迷倒了很多女孩呢！希望我的儿子也能这么与众不同。""你真的支持我打篮球？"张宇迟疑地问。李艳坚定地点点头，说："我会给你报名参加专业训练班。不过呢，你要是想在篮球这条道路上走得更远，甚至考进体育大学，还是要尽力让文化课及格啊！"经过这番长谈，张宇知道妈妈是支持自己打篮球的，觉得很高兴。出于对篮球的热爱，他开始努力地学习文化课，不再是那个处处调皮捣蛋的大男孩了。当然，他也因为妈妈的支持，而与妈妈结成了同盟军，每当有了烦心事或者开心事，他都会主动地告诉妈妈。

一般来说，如果对方反对你的意见，通常是因为他有自己的观点，假如他的看法确有独到之处，最好的办法就是先表示认可，尽量了解对方是怎么想的。想要了解对方的心思，首先应该关注对方的心理变化，才能站在对方的角度，换位思考。如果想要对方接受你的建议，不要从一开始就试图兜售自己的观点。要先接受对方的观点，并把自己的观点变成对方的观点，让他以为都是自己的想法。这样的话，让对方接受自己的看法，就都顺理成章了。

毋庸置疑，人际关系是非常复杂和微妙的，要想营造良好的人际关系，必须用心地维护友谊，也要学会相处的技巧。

巧妙化解尴尬，拉近彼此关系

每个人都遇到过尴尬的局面，这时帮助他人打圆场，不仅可以照顾他人的情感和面子，让他人对你感激不尽，还可以让你左右逢源。

不过，帮助他人打圆场，应该讲究一定的方法和技巧，不然很可能越帮越忙、越管越糟。那么，到底该怎样帮助他人打好圆场呢？

1.巧妙暗示

令人尴尬的事情总是突如其来，让人措手不及。当他人陷入尴尬时，可以通过巧妙暗示的方式打圆场，为对方解围。

妻子冬梅过生日，汪田特地找了家装修浪漫、布置温馨的中餐厅请她吃饭。

趁妻子没在意，汪田悄悄点了一道她最喜欢的"蚂蚁上树"，没想到却弄巧成拙。服务员上菜时，妻子看到一大盘菜里全都是粉丝，压根儿没看到肉末。

冬梅也是个嘴巴不饶人的主儿，故意装糊涂问服务员："这道菜叫啥？"

服务员不明就里地答道："蚂蚁上树。"

这下可被冬梅揪住了小辫子，更来劲了："我怎么只见'树'不见'蚂蚁'？"

服务员看了一眼菜盘，脸涨得通红，不好意思地立在哪里。

汪田心想，今天是特地来为妻子庆祝生日的，本来就图个高兴，现在与服务员闹得这么尴尬，实在是有违初衷。于是，他赶紧开启打圆场模式："哎哟，人家'蚂蚁'可能是今天太累了，一时没爬上来。我看这样吧，你通知一下厨房，给我们换一盘爬得快的'蚂蚁'来！"

服务员听到汪田这么说，可算是长出一口气，马上转身回了厨房，不一会儿，就端上来一盘名副其实的"蚂蚁上树"。

汪田不愧是解围的高手，三言两语，就成功地替服务员打了圆场。如此一来，服务员心里也会觉得感激，肯定会积极地想办法来弥补过失，所以再上一盘真正的"蚂蚁上树"也在意料之中了。

缓解气氛时的打圆场要注意方式，"和事佬"最重要的是改善他人的关系，而不是火上浇油。用巧妙暗示的方法可以不动声色地达到打圆场的目的。

2.帮别人找一个好理由

当他人陷入窘境时，你及时站出来，帮他找一个好理由，打好圆场，则能避免其颜面尽失。

比如，你介绍两个朋友认识，约好拿着身份证一起去某个景区游玩。刚见面几分钟，一方突然提出离开的请求，另一方就会出现不悦的神色。此时，你可以对另一方说："她这个人呀，丢三落四的，竟然把身份证忘家里了，家又那么远，一来一回天都黑了。这样吧，让她先回去，咱们两个去，来日方长，以后有机会你们再好好认识认识，这次算是打个照面，混个脸熟。"听了这话，因家中有急事突然要离去的一方会感激你，另一方自然也不会多计较。

3.维护别人的面子和自尊

如果双方都不肯妥协，彼此已经产生矛盾，不妨说几句话，巧妙地维护他们的面子和尊严。

小王的孩子和小赵的孩子打架，小王看不惯自己的孩子受委屈，于是出来数落了小赵的孩子。小赵刚好路过，听到小王正在数落自己的孩子，气不打一处来，非要小王给个说法，不然不肯罢休。两个人谁都不肯相让，都要为自己的孩子讨个公道。

看到两个人剑拔弩张的场景，小郭连忙走过来，对他们说："两位少安毋躁，这件事的来龙去脉我很清楚，因为我全看在眼里了。"说着，他对小赵说："本来只是两个孩子打架这点儿小事，小王数落您的孩子，是因为这个顽皮的家伙把人家孩子的眼睛都打肿了，现在还睁不开呢。您想啊，眼睛多重要啊，万一有个好歹，那可是一辈子的事。"然后，他又对小王说："小赵不明白怎么回事，听到您这么训斥他的孩子，能不愤怒吗？再说了，您刚才训斥得也确实有点儿过。当前最要紧的是赶紧带孩子去看眼睛，万万不能耽误了。"

听了这话，小赵连忙道歉，带着钱要为小王的孩子治眼睛。小王看到小赵也是一个挺讲道理的人，也感觉自己刚才那样训斥一个小孩子很不好，便向小赵道了歉。

打圆场时，应该维护好双方的面子和尊严，讲清楚其中的道理，可以各打五十大板，让他们意识到自己的错误。许多时候，人与人之间产生了矛盾，双方谁都不肯相让，只是因为他们都想维护自己的面子和尊严。但是，假如任由他们这样耗下去，只会让情况越来越糟。此时就需要第三者来打圆场，让当事双方的面子和自尊都能得以维护。不过，此时他们正处于敏感期，帮人打圆场时一定要注意说话方式，尽量把话说得圆满一些，而不是胡乱评判，进一步激化他们的矛盾。

第四章

说话说到点子上，
提升团队执行力

站在哪山砍哪柴

　　作为社会中的一分子，任何人都需要与他人交往。领导者的岗位重要、责任重大、地位特殊，与外界的交往自然会比普通人要多一些，结交的人也更为广泛一些。每个人的性格、爱好、身份等都是不同的，这就要求领导在面对不同的人时要讲究说话的技巧，不能千篇一律，即便是同样的话，也要根据对象的不同和场合的不同来进行转换。只有选择合适的词语和方式来表达，才能顺利地与他人友好交往。

　　在人际交往中，一个善于交际的领导，无论在什么场合下，无论面对什么样的人，说出的话都能恰到好处，就好比一支强弩射出去的箭，能更快、更准确地到达靶心，说得对方心里暖烘烘的。下面我们就来看看三国时期的诸葛亮是如何看人说话的。

　　当年马超攻打葭萌关的时候，其勇猛之势让一向好战的张飞忍无可忍，他气急败坏地来到刘备面前请战，想亲自出面教训一下马超。

　　看到张飞来请战，军师诸葛亮心下一喜。原来，他心中早就有让张飞出马的打算，但他装着不同意，在刘备面前故意说："马超可有万夫不当之勇啊，我觉得无人能敌，看来只好派人去荆州请云长来了。"

张飞听到之后，生气地大叫道："军师也太小瞧人了！想当年我张飞曾经只身抗拒曹军百万，对付一个小小的马超我是绰绰有余了。"

诸葛亮趁机刺激他："当阳之战只不过是当时曹操不知你的虚实罢了，要是知道的话，我想你也不至于如此幸运吧。马超可不一样，记得当年他可是杀得曹操丢盔弃甲、抱头鼠窜，如此的英勇可非虚名而已啊。我心里还寻思，即使云长来了，也未必能够战胜他。张将军，我劝你还是别在马超面前逞强了吧。"

张飞急得高声说："我现在就立下军令状，假如不能战胜马超，甘当军法处置！"

直到此时，诸葛亮才装作勉强同意，看着张飞立下军令状后，让他领兵去和马超作战。

张飞来到阵前和马超大战三百回合不分胜负。虽然没有将马超刺于马下，但是张飞的威猛也打击了马超的锐气，让他不敢小觑西川，只好投降了刘备。

对待关羽，诸葛亮却采取了与对待张飞相反的办法。马超归降之后，关羽曾想和他一决高低。诸葛亮为了避免伤和气，就修书一封给关羽，在信中他写道：

"马超虽然英勇无比，但是只能和张飞并驾齐驱，哪里能和你'美髯公'相提并论呢？何况，关将军身负镇守荆州的重任，如果因为和马超比武而离开，荆州的安全就无法得到保障了。所以，我劝你还是不要自降身价和马超比试了吧。"

关羽看到信之后，心下大喜，也就打消了和马超一决高下的念头。

从诸葛亮的故事中我们发现，看人说话要遵循一个原则，就是在说话时，既要针对不同性格的人，又要根据不同的情况给予不同的对待，这样你说出的话对方才爱听，你也能达到自己的目的。这种说话方式类似于人们常说的"见什么人说什么话，到什么山上唱什么歌"，是领导在交际场合中机智的表现。

职场交际中看人说话是要讲究策略的。例如，对待喜欢委婉的人要旁敲侧击，对待性格耿直的人要直来直去，对待个性孤傲的人要为恭维等。下面是领导者对外交际时要掌握的几种技巧。

1. 对内方外方的员工

这种人性格耿直，往往表现为事事都认真，对人苛刻；做事时因过于投入而有些自我；充满活力，喜好张扬。他们的处世原则是，自己的错自己承认，但是对方的错对方也要承认。这种人不会阳奉阴违，是值得信赖和尊重的人，所以与他们交往要做到待之以诚、言辞委婉。

2. 对内方外圆的员工

这种人虽内心极有原则，但是为人谨慎、八面玲珑，在复杂的职场中能够坦然自若、应付自如。内方外圆的人，内心会让你捉摸不透，即便是面对自己厌恶的人或事，也不会表现出任何情绪。同这种人说话时要讲究分寸、把握度，千万不要因为对方脸上挂着微笑，就说一些不着边际的话。

3. 对内圆外圆的员工

这类人圆滑世故、虚情假意、趋炎附势。他们对自己没有什么限制和约束，于自己有利的事就抢在前面，于自己无利的事就推诿塞责。这种人一般不会同情他人，有时为了私利还会算计他人。跟这种人打交道时，要留个心眼儿，小心谨慎，不可对其盲目信任。

4. 对内圆外方的员工

这种人通常心口不一，容易嘴上一套，手上一套，背地又一套，非常具有欺骗性。所以，与这种人说话要灵活变通，不要被他们的油嘴滑舌所迷惑。

将心比心，让下属自由表达

有些领导者为人亲切、善于沟通，员工也十分愿意与他接近，可是却很少提出见解。究其原因，是领导者没有做到真正以员工为本。当下许多领导者更愿意彰显自己的能力，而不是想方设法帮助员工更出众。更有甚者，对能力强的员工采取打压的办法，就是怕这样的员工骄傲，进而对公司提出更高的要求。

试想，一个不被老师欣赏的学生，上课可能都不愿意回答问题，就更不可能愿意提出见解了。员工也是一样，得不到领导的肯定，自然很难提出见解。因此，一些管理学专家认为，现代的领导者应该是员工的良师益友。说到良师，大多领导者都能做到。例如，有些领导者亲手培训员工，而且非常有耐心。可是做到益友就不太容易了，他能像益友那样指出你的毛病，但是不一定表扬你的优点；当你犯错误的时候，他也不会像益友那样安慰和鼓励你。最重要的是，他不会在业务之外的时间与你沟通。

领导者跟员工的关系远，是员工不发表见解的主要原因。还有许多管理者没有花时间探寻员工潜力的习惯。更有甚者，只凭第一印象就决定了一名员工的去或留，这样的用人方式很难挖掘出员工的潜力，当然也就很难得到真正有效的见解。精明的领导者会有效地激发员工的潜能，并帮他把潜能转化成价值。

总之，员工才是带动团队发展的主体，能量就蕴含在他们当中。如何让他们把见解说出来，是每一位领导者都应该掌握的技巧。

成功的领导者都知道，最了解公司的人是员工。要想解决公司的问题，就要挖掘他们的智慧。

可是在一些公司里，员工没有话语权，这非常不利于公司的发展。还有些公司的员工虽然有话语权，但是因为公司的管理体制，见解无法上传。例如，许多公司都是分部门的，每个部门都有主管，员工的见解大多在这里就被过滤掉了。

比尔·盖茨曾说："许多人认为我是个天才，可是我觉得自己很普通，我不过是挖掘了员工的智慧而已。"仔细观察那些不断发展壮大的公司，也都十分重视员工的见解，如苹果公司、小米科技、海尔集团等。

人们常说人微言轻，意思就是人的地位卑微，话不受人重视。这样的情况在许多公司里都存在。一些员工能看出公司的问题，也能找出解决的办法，可是一想想自己的身份，就沉默了；还有一些人选择在暗处抱怨，但那也只能叫"碎碎念"。领导者如果想要员工自由地发表见解，就应该先给其足够的话语权。孙权命陆逊攻打关羽时，先赐予他右都督军衔，然后应陆逊要求，不给他派监军。这样一来，陆逊说话的分量够了，而且没有人分割他的话语权了。领导者是可以通过自己的地位给员工话语权的，但一定要发挥好自己的主导作用。

领导者经常与员工沟通，并且尊重员工的见解，员工才能在你面前畅所欲言。

员工的积极性在于领导者的调动，是否提出见解也在于领导者的鼓励。因此，可通过组织会议和私下沟通等方式鼓励员工发言，如果员工的见解具有可行性，那就执行，这是对员工最大的鼓励。

化矛盾为动力

马丽是建设银行某分行信贷部的资深出纳员，很有希望接任主管张燕的位置，可是张燕退休后，担任主管的却是从该行储蓄所调来的王青。

王青只有 5 年的工作经验，但是取得的成绩是全行有目共睹的，领导对她的评价是工作优秀、领导能力强，可是她却无法和马丽友好相处。

马丽不仅没有告诉王青工作流程，还故意迟到、早退，影响整个部门的管理秩序。王青知道是自己占了马丽的位置，导致她不高兴，也就没有和她计较，可是马丽却一再出现算错账的错误。

王青找马丽谈话，马丽却说："我在这行做了这么久，还用不着你指教。"

马丽依旧我行我素地工作着，可她一而再、再而三地犯错误，经常折腾得其他同事要重新查账，最后几个同事向行长申请辞退马丽。

行长私下找到马丽，说："你的所作所为连以前的同事都难以接受了，可是你的主管却没有告发你，所以我希望你顾全大局。要是进行内部民意选举，你现在的表现可能连个出纳员也不配当。"

马丽向行长承认了错误，此后的工作做得非常好。

试想，如果该行长对马丽说"我听说你犯了很多错误"，会怎么样？马丽必然会认定是王青打的小报告，从而与王青产生更大的矛盾。该行长就是想到了这一点，才说是她的同事难以忍受她的行为了。马丽作为资深出纳员，必然知道自己的错误带来的影响，所以会承认错误。最后行长又提出内部选举的假设，不仅让马丽知道王青的到来是总部的决定，与她根本不存在矛盾，还让她知道了自己的所作所为可能带来的恶果，所以她才能彻底改变了工作态度。

上述的矛盾冲突，只是员工和员工之间冲突的一种类型。领导者经常会遇到这样的事情，如果化解得不够巧妙，势必会引发更大的冲突。要是解决得巧妙，不仅可以化解双方的对立关系，还能促使他们从此团结、协调地工作。因此，领导者不要回避冲突，因为这是员工之间矛盾的顶点，也是转折点。领导者为了帮他们建立新的关系，必须掌握一些化解矛盾的技巧。

1. 设身处地

在实际生活中，我们发现，许多员工最容易和会计发生冲突。原因很简单，会计大多执行赏罚制度，被惩罚的员工大多情绪不好，这个时候领导要设身处地地想想员工为什么会气急败坏。例如，在北京这样的大城市，员工经常会遇到堵车的事情，他们本来就很焦急了，可是迟到了还要被罚款。这时他们只能把怒火发到会计身上，领导要酌情处罚，才不会激化员工之间的矛盾。

2. 判明是非

有些事情，争执的双方都能讲出道理，这时领导者不要用自己倾向的观点去评判对错，应按照他们的道理指出事实，这样谁优谁劣一目了然，就可以消除双方的争执了。

3. 查明责权

在互相推诿的员工面前，拿出可以证明责任归谁的证据，然后让负责人去解决。如果他解决不了，可以让无责员工协助，这样可以帮助双方建立友好关系。

4. 分别劝说

员工之间冲突激烈时，领导者不要情绪激动地训斥双方，可以分别找他们谈话，让他们心平气和地说出发生争执的原因，也许双方会互相指责，这个时候领导者可以让他们反思自己的错误，当员工意识到自己的错误时，就会消除怒气。

5. 减小破坏力

员工之间有矛盾必然会影响到彼此的工作，还有些员工不论领导者如何调节也很难消除怨恨。面对这种情况，领导者要想办法把矛盾降到最低。

6. 克制情绪

有些领导者面对员工的争吵时会有"他们没有把我放在眼里"的心理，就会对情绪激动的一方大声训斥，但这只会激化矛盾。

如果自己变得偏激、愤怒，不仅激化矛盾，还会把员工的怒气引到自己的身上，这必然会妨碍以后的工作。

7. 抓大放小

有时候员工之间的争吵，可能是因为一些跟工作无关的琐碎小事，领导者无须出面调解，也没必要了解真相。但要是此事影响到了工作，就要按照公司的规定去执行。如此一来，既能让员工看到你的大度，又能看到你的严明，必然会受到员工的尊重。

8. 承担责任

有时候员工之间的争吵，原因很可能是出在领导者的身上。例如，命令大多是领导下达的，员工却与执行者发生了冲突。这个时候领导应该挺身而出，把责任揽到自己的身上，这样不仅可以化解员工之间的矛盾，还能给员工留下勇于担当的印象，对工作的顺利开展很有帮助。

总之，在面对员工之间的矛盾时，领导者一定要冷静，并制定适合解决矛盾的策略。此外还要与员工多沟通，力争使他们尽弃前嫌，建立更加稳固的关系，这将是公司发展的保障。

关键沟通不是下命令

有的领导常常抱怨："我在很多员工面前安排工作时，经常有一两个人不服气，公然挑战我的权威，害得我丢尽脸面。现在我都不敢当众下命令了，就是因为害怕再出现个别员工不服从管理的情况。"

很多团队都有一两个不服从管理的人。他们不配合领导的工作，做事情自作主张，甚至经常当众和领导顶嘴。对于这些员工，与其当众下达命令，还不如私下和他们聊。因为这些员工不服从管理的原因并不是领导没有威严，而是领导经常用命令的口吻和他们交流。

在日常的工作中，领导不需要做具体的工作，那些具体的工作都交给了员工。员工面对的工作是繁杂、琐碎的，遇到自己无法克服的困难时，不得不寻求他人的帮助，长此以往，心理压力必定很大。此时，如果领导不提前和他商量，就交给他更加艰巨的任务，无疑会给他更大的压力，很容易让他产生抵触情绪。

马云说："领导者的胸怀是被委屈撑大的。"领导者不妨多受点儿委屈，别和这些不服从管理的人一般见识。需要把艰巨的任务交给他们时，不要下命令，而是要找他们好好聊聊，多听听他们的意见，询问他们有什么困难，并经常给他们加油打气。

如果把团队比作道路，那么沟通就是路口的红绿灯，其重要性可想而知。道路没有红绿灯，汽车、行人就会毫无章法地乱闯，后果不堪设想；团队缺少了沟通，隔阂就会不断产生，矛盾也会逐渐激化。所以，领导要提高认识，认清和员工沟通的重要性。

蒋欣是一家公司的部门经理，职位在赵明之上。但是，赵明仗着自己是公司的老员工，年龄比较大，自身的能力强，公司许多业务都要依赖他，就不服从蒋欣的管理，甚至把公司交代的任务也推给新入职的员工做。

刚开始，蒋欣总是直接下达命令，告诉赵明哪些应该做，哪些绝对不能做。赵明充耳不闻，甚至和蒋欣顶嘴。蒋欣发现直接下达命令没什么效果，于是决定和他好好地聊聊，一起商量一下该怎么完成工作。

蒋欣温柔地说："赵哥，我觉得我们应该从这项工作开始，因为它是最紧急的，不知你意下如何？有不同意见尽管提出来，咱们一起商量。"

赵明见蒋欣说话和气，用的是和他商量的语气，而不是像以前那样直接下命令，也就不好意思继续傲慢，语气也收敛了很多。

随着两个人沟通的次数越来越多，蒋欣发现，赵明是一个性格比较傲气的人，对任何人都趾高气扬，甚至敢和公司总经理顶嘴。但是，如果领导和他好好说话，他就态度和善，非常配合。掌握了这一点之后，蒋欣给赵明安排工作时，都会先找他商议一下，征求他的意见。

赵明发现蒋欣能屈能伸，为了迁就自己，不惜放下面子，一点儿没有领导的架子；也不是他想象中的花瓶，还是有一定能力的，渐渐地和她缓和了关系。

放下自己的领导架子，和员工好言相商，就可以让员工心甘情愿地配合自己的工作。在沟通的过程中，如果领导没有把自己放在和员工同等的位置上，而是高人一等地下达命令，员工就会不服从管理，即便服从管理也不是心甘情愿的。员工在完成工作的过程中就会打折扣，往往和领导的期望存在很大差距。出现这种现象的根本原因就是领导和员工之间的沟通过于生硬，没能调动员工工作的积极性。

身为领导，有责任营造一种轻松愉快的工作环境，让员工在这种环境下工作。只有多和员工沟通，让彼此的关系更紧密，才能让员工更加卖力，配合好领导的工作。要想和员工沟通顺利，就不能经常用命令的口气，而是要好言相商，和员工站在同等的位置上。

赞美是对下属最好的奖励

在这个世界上，每个人都有自己与众不同的长处和优点，你的员工也一样，即使工作能力再差的员工也有他的"闪光点"，领导应该从员工的优点和长处入手，及时给予肯定和赞美，并不断地强化其积极向上的认同心理。

没有人不期望得到他人的赞美、承认、重视和欣赏。对于这一普遍心理，美国著名作家马克·吐温说："我已被多次恭维，令我惭愧，但我还常常感到他们恭维得不够。"显然，对于被赞美者来说，赞美是一种激励，这是毫无疑问的。在工作中也是同样的道理，当员工的被赞美的欲望得到满足时，就会感知工作的意义，进而将潜能最大限度地发挥出来。因此，领导要想让员工心甘情愿地努力工作，只需做一件很简单的事：多寻找员工的优点，并及时给予恰当的赞美。

每个领导者都希望自己的团队士气高涨，有强大的凝聚力和战斗力。可团队的士气、凝聚力、战斗力不是天生的，而是需要领导者不断地激励。有些领导者一味地向员工提要求，催逼员工努力，却忽视了员工的内在要求，忘记了激励员工。这无疑是管理过程中一个非常大的失误。

身为领导者，不管你是管理跨国集团，还是领导小企业、小团队，有一点是你必须明白的：员工是人，人都有基本的需求，有衣食住行的物质需要，有被重视、被赏识、被赞扬的心理需求。如果你希望员工进一步提高工作绩效，发挥出最大的潜能，就要想办法满足他们的需求，给他们激励。

心理学家威廉·詹姆士博士通过研究发现，有效的激励能够激发员工的工作潜能。研究表明，当员工没有获得激励时，仅能发挥出 20% ～30% 的能力，而当员工受到激励后，则可以发挥出 80% ～90% 的能力。

在微软公司，员工可以带着孩子来上班。这样可以让孩子了解和感受父母的工作环境和成就，理解父母的辛苦，并以父母的工作为荣。员工也能从公司的这项规定中感受到公司的人性化，使员工感受到公司对他们的尊重。当员工生日或结婚时，公司会为他们举办生日派对或婚礼庆祝会，充分表达对员工的关爱和重视，使员工感受到激励。

微软公司还特别重视员工的愿望，他们会记录员工的愿望，并设法帮助员工达成愿望，这让员工非常感动。

海尔集团也很重视激励员工。当员工在工作中表现优秀，取得不错的成绩时，公司会给员工相应的荣誉激励，以鼓舞员工的士气，增强员工的信心，使员工体会到自我价值所在。

　　海尔集团给员工的工资，也许不是行业里最高的，但他们的员工都有一种强烈的归属感和自豪感。公司每年不但会为优秀的员工颁发荣誉证书，还会将他们这一年的工作成绩发布到荣誉墙上来激励员工，并通过在企业年鉴中记录员工的优秀业绩，将员工为企业的贡献载入海尔发展的史册。

　　海尔集团还会用员工的名字来命名某项发明，以示对员工的激励。员工有了新的发明创造，而且公司认为这项发明创造可以用于实践时，就会用员工的名字来为其命名。

　　激励员工的方式方法多种多样，只要是员工需要的，而领导者满足了他们，他们就能获得激励。

　　美国管理学大师汤姆·彼德斯曾说过："公司出色的经营离不开人，要用感人、淳朴的价值观去激发人们的热情。"

　　有时候，单纯的涨工资并不能给员工带去激励，更重要的是让员工感受到公司对自己的尊重和重视，让员工感受到自己的价值，这样他们才会对企业产生归属感，由内而外地迸发出能量，从而主动、有创造性地工作，保证工作任务和企业目标的实现。所以说，激励一定要以人为本，要真切地考虑并满足员工的内在需求。

　　俗话说："龙生九子，各有不同。"人与人的性格、行为方式、心理需求都是不一样的，在激励员工的时候，要注意对症下药，各个击破。只有懂得因人而异，满足员工的特定需求，才能有效地激励员工。

　　当然，这只是大致的区分，具体到每个个体上也是不同的，仍应该具体情况具体分析。因此，在激励之前最好了解员工的真实需求，以便有的放矢，从而取得最理想的激励效果。

关键沟通不仅用嘴，更要用耳朵

在与他人的交往和管理团队的过程中，沟通是必不可少的。而人们多半会把沟通误以为就是"说话"，只在意自己表达了什么，而对别人的话语却并不上心。在职场中也是如此，如果领导者过分地表达，会减少员工表达自己意见的机会，甚至会变成"一言堂"。

为什么人生来有两只耳朵却只有一张嘴，我想其中必有深意。最可能的是，让我们学会多听少说，听和说的比例最好为二比一。现实生活中，有许多人意识到了这点，在交谈中也会注意"话语占比"，最好三成时间用来说，七成时间用来听。"七分听，三分说"也是与员工沟通的一个重要技巧。

小马在一家广告公司任职，她是一位性格内向、脸皮薄，但又十分有工作热情的姑娘。做广告，创意点子很重要，这就需要员工能够激发自己的潜力，而小马的工资却是固定薪酬。小马认为这种薪酬制度不够好，不能激发员工的积极性，因此想向上司提提意见，但由于性格内向，害怕万一上司不接受意见反而受到批评。最终，小马的工作热情打败了她对提建议的担心。

"王总，我对于咱们公司的薪资制度有一些自己的想法。"小马说罢，赶紧观察了一下上司的态度。上司非常开明，伸手示意并微笑着说："请说，我很乐于倾听你的意见。"小马很高兴，心里卸下了一块大石头："我觉得咱们这种需要很多点子的工作需要一定的提成机制来激发员工的工作热情，才能更好地保障工作热忱的持续性。具体应该这样操作，削减员工的一半工资，剩下的一半作为基本工资，然后每完成一个任务再给予员工20%左右的提成。对于工作中表现出色的人，单独奖励一定数额的奖金或发放一些奖品，同样，出现问题的也要小惩大诫。"说完自己的建议，她还赶紧补充道，"个人的想法，可能不是太合理，不知道王总您怎么看？"王总觉得这个建议提得很到位，也是很可行的，便频频点头表示认同，并在倾听结束后夸奖小马积极性高，又让小马做一份详细的可行方案。他还说道："公司里的第一个提成恐怕就非你莫属了。"

小马对于自己的建议被看重非常开心，工作也更加积极。公司薪资机制改革为公司调动员工积极性带来了很大的改变。看到小马受到奖励，其他员工积极效仿，纷纷建言献策，为公司铺平了前进的道路。

小马的上司非常看重员工的建议，态度诚恳，虚心受教，这才使内向的小马勇于把自己的建议说出口，公司才得到了很大的发展。

美国心理学家艾伯特·梅拉宾根据实验数据提出了梅拉宾法则：100%的交流效果 =7% 的语言信息 +38% 的听觉信息 +55% 的视觉信息。听觉信息影响力远胜于说话内容，这就反映出聆听的重要性。

作为领导者，扮演的是上司的角色，承担管理职责，在日常工作中大多是向员工传达信息，自然都是说得多听得少。但是，为了构建相互尊重的关系，"多听少说"，对于维持融洽的职场氛围和构建团结的团队有着重要意义。

先要明确的一点是，倾听不一定代表你认同对方的观点。在管理中，意见相左是很正常的事情，而倾听是对对方的一种尊重。

作为员工，他们提出的问题和建议可能不尽完美，甚至根本行不通，但是作为领导者不能在这个时候喊暂停，打击员工的积极性。员工愿意为公司着想，积极主动地寻找问题的解决方法，这是一种积极的状态。员工也有表达自己想法的权利，所以学会倾听不仅能集思广益，还能有效地调动员工的积极性，拉近领导与员工的关系。倾听是管理中的重要一课，其中有两点需要注意。

1. 在倾听时，态度要诚恳。沟通是双方的交流，倾听并不是最终目的，而要为了获取多方意见，增加对员工工作的了解。员工在倾诉时，对于倾听一方的态度非常敏感。因此，领导者要认识到倾听的重要性、员工的重要性，不要给员工对牛弹琴的感受，打击员工的积极性和自尊心。

2. 员工在倾诉中往往会观察领导者的表情，因此不要插话或打断员工，要用点头和眼神示意员工继续讲下去。领导者应在倾听的过程中给予一定的鼓励，才能让氛围更融洽，使倾听发挥更大的作用。

批评只对事不对人

当领导不得不批评员工时，态度一定要真诚而有善意，绝不可轻视和嘲讽，更不能大声地呵斥。有的领导在员工犯错误后大吼大叫，把员工批得一无是处，甚至用"辞退"来威胁员工，完全不给员工解释和说明的机会。这样的做法，即使员工真的有什么错误，他们也不会真心接受，只会对上司心生怨恨，为以后的工作制造障碍。这种对当事人发泄不满的"批判会"式的批评，不但达不到批评的效果，影响员工对工作的积极性，严重的还会影响到其他员工的工作情绪，降低团队工作效率。

俗话说，人非圣贤，孰能无过？每个人都会犯这样或那样的错误，犯错误不可怕，可怕的是犯错后不思悔改。所以，当员工犯了错误时，批评要讲究技巧，要就事论事，而不要东拉西扯或是"秋后算账"，要让员工找出错误的根源，改正和弥补这个错误。

严晴最近上班经常迟到，借口也是五花八门、花样百出，什么塞车、身体不适、隔壁邻居有困难需要帮助……连她部门的刘经理都不得不佩服她怎么会想出这么多的理由。

为了让严晴不再迟到，刘经理多次叫她去谈话："小严，你看看你，都把迟到当成家常便饭了，你这样能把工作做好吗？你昨天给领导写的报表有不少错误，要不是会计及时发现，得造成多恶劣的后果！还记得前天吗？我到你们办公室的时候，就数你说话声音最大。在工作时间闲谈不但会影响你自己的工作进度，也会对同事产生影响呀……"刘经理越说越气，最后竟把严晴给说哭了。

可惜的是，尽管刘经理针对严晴"迟到"一事讲了这么多，但严晴不仅一句话没记住，而且这认为这是刘经理故意拿"迟到"这事儿来整她，对他的意见非常大，迟到的坏习惯也依然没改。刘经理只得对她的各种"缺点"继续进行无休止的批评。

被批评的严晴工作积极性再没有以前高了，她对同事说："我一想到刘经理把我批得一无是处，就有一种破罐子破摔的冲动。有时我对自己的工作能力很怀疑，面对工作时有一种无从下手的无奈。"

这样大概过了两个月，严晴竟然向人事部门表示，不想继续在刘经理的部门做下去了。而后经人事部门审核，严晴被调去其他部门工作。离开刘经理后，严晴的工作表现无可挑剔，更令刘经理惊讶的是，严晴居然改了经常迟到的坏习惯。

有一次，刘经理问严晴部门的王经理："你用了什么妙计，让迟到大王严晴不迟到的？"

王经理笑着说："只用了一句话。"

原来，王经理得知严晴老是迟到后，就在一次快下班时，装作不经意地踱到严晴旁边，亲切地问："小严，今天晚上你有什么重要的事情要做吗？"

严晴不明白经理这么问她的目的，一时也想不出如何应对才好，只好老老实实回答："没有什么事情。"

"那么就请你早点儿睡，我不想看见你明天再迟到了，这个习惯真的不太好。"王经理认真地说。

其他同事都偷偷地捂着嘴笑，严晴也尴尬地笑了笑，此后她迟到的次数明显减少，第二个月时居然是全勤。

严晴能改掉迟到的坏习惯，与王经理很有技巧的批评有很大关系。王经理批评严晴的技巧就是用笑谈的方式就事论事，让严晴意识到自己迟到的坏习惯。而之前刘经理的那种"秋后算总账"的批评方式则不能让严晴看到自己的迟到有多么严重，反而让她认为刘经理是对自己的工作不认可。由此可见，只有就事论事，才能让员工意识到错误的严重性。

领导在批评员工时，一定要弄明白问题的症结，就事论事，让员工明白到底错在哪里以及犯错的原因是什么，如此才能让员工心悦诚服，意识到自己的错误并且以后不再犯。

批评时就事论事，也要有一定的章法。当员工的工作出现问题的时候，首先要确定他们犯的究竟是什么样的错误：是无关痛痒的小问题，还是原则性的大问题；是第一次出现这样的问题，还是屡次提醒屡次犯错；是无心之失，还是明知故犯、有意为之等。如果是无关痛痒的小问题，完全可以玩笑似的一带而过；如果是原则性的大问题，就不能敷衍对待，一定要严加批评才是。员工第一次出现错误时，如果不太严重，可以先不提起，悄悄放在心里，再想办法来指正他们；如果第二次对方再犯这类错误，就要着重提出来，以防同样问题再次发生。至于员工的无心之失，在被他们的懊恼和内疚所打动的同时，还要根据失误的大小来相应地提出批评。

因人而异，沟通方式不能一成不变

作为领导，要想在工作中与各种各样的员工进行良好的沟通，就要多了解对方的特点，这样才能把话说到点上，说到对方的心坎儿里。

如果在交流之前，对谈话对象一无所知，就很容易给双方造成误会，不但会造成彼此之间的不愉快，还有可能对自己将来的发展不利。

在职场上，许多人原本有着相当出色的才华，之所以一直难以升迁，很大程度上就是因为他们不会"说话"，确切地说，是因为他们在与人谈话时不会揣摩对方的意图，更不懂得用适当的语言来表达，而是急着下结论。这种情况好比是对病人不了解就开药方的医生，自然是医不好病的。所以，在与别人交谈时，得熟悉对方，有针对性地采取沟通方式。反之，你很可能因为一句话而得罪对方。

夏芬是某机关的副主任，她的上司向她推荐了五个学法律的研究生。上司在推荐时，一再说这五个政法大学毕业的高才生多么有才能，希望能把他们安排到司法部门工作。

领导大力举荐的人才，夏芬自然不敢怠慢，就到司法部门联系，接待她的是一位即将退休的局长。听夏芬说明情况后，他解释说："我们只可以考虑接收两个，五个人都来就不好安排了，因为机关编制有限，在职的很多人都是工作了多年的老同志，没有名额再安排这么多人了。"

听了这番话，爱惜人才的夏芬忍不住大发感慨："唉，有一些年龄大的同志就应该主动把职位让出来，总是挡在年轻人前面，单位里什么时候才能注入新鲜血液啊？"

局长听了夏芬的话，脸色变得非常难看，随后以"工作忙"为由结束了与夏芬的谈话。

事后夏芬才听说，这位局长正为即将退休的事情犯愁呢，夏芬这样说话怎能把事办成呢？

这就是说话前不了解对方情况所犯的错误。相信如果你是那位局长，听到夏芬说的那些话，即使有心帮她给几个人安排工作，也会打退堂鼓的。其实，如果夏芬注意观察，局长的心态是不难看出来的。

著名语言学家吕叔湘先生指出："语言的确是一种奇妙的、神通广大的工具，可又是一种不保险的工具。听者的了解和言者的意思不完全相符，甚至完全不相符的情形是常常会发生的。语言的地面是坎坷不平的，'过往行人，小心在意'。说话的人和写文章的人，要处处为听者和读者着想，竭力把话说清楚，不要等人家反复推敲。"

因为工作关系，领导者要跟不同性格的员工打交道，而每个人又都具有两重性，这就决定了人际交流中有其和谐的一面，也有其排斥的一面。所以，为了有效交流，就需要领导在同员工说话时多了解他们的特点。那么，在说话时如何才能了解对方的特点呢？下面为你提供一些技巧。

1.了解员工的基本情况

看员工的基本情况，就是看对方的年龄、性别、文化程度、职务等，针对个别的员工还要了解其宗教信仰和风俗习惯。对方的年龄、性别、文化程度等基本属性不同，对信息的接收和理解能力也不同。

2.了解员工的兴趣

每个人或多或少都有一些兴趣爱好，譬如绘画、书法、音乐、运动，等等。虽然这些爱好跟工作无关，属于员工私下的生活，但是在交流中，领导者却可以从这些兴趣入手，打开员工的话匣子。

3.了解员工当时的情绪

有时候，沟通的效果跟交谈双方的情绪有很大关系。作为一个情商高的领导，在开口说话时一定会注意员工当下的情绪。这不仅显示了领导者对员工的尊重，也能够消除一些负面影响，保证交谈的顺利进行。

第五章

舌灿莲花，
销售人员的必备技能

客户好奇了，订单就来了

生活中，人们都有好奇心。对自己不熟悉、不了解、不知道或与众不同的东西，人们往往会格外注意，尤其是对那些自己产生兴趣的事物，更是有着想去一探究竟的冲动。所以，在与客户沟通的过程中，不妨利用他们的这一心理，话到嘴边留半句，客户的胃口被吊起来后，自然会追问下去。这是一种巧妙的推销方法，也是一种打动客户的技巧和艺术。与客户交谈之初，可以暂时不提推销之事，先设置一个悬念，激发客户的好奇心，然后在一个恰当的时机让他的好奇心得以满足。如此一来，你的业绩就水涨船高了。

好奇是人类的天性，在销售过程中，销售人员利用这一特点，便可以快速地引起客户的注意。当人们面对自己不了解的、不熟悉的事物时，本能地会给予特别关注。销售人员成功地制造出悬念之后，好奇心将会使客户不停地寻求解答，更加投入地聆听销售人员的表达，从而达到吸引客户的目的。

美国曾有一位杰出的销售人员以擅长制造悬念出名，被大家叫作"花招先生"。拜访客户时，他会拿出三个沙漏计时器，然后告诉客户："请您

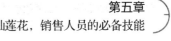

给我三分钟，当最后一个沙漏中的最后一粒沙子落下时，不论您是否想继续，我都会停止，所以您不用担心我会废话连篇、滔滔不绝。"

这三个沙漏只是他无数花招中的一个，他还会用陀螺、闹钟、烤面包机和其他各式各样的小东西来吸引客户的注意，使他们兴致勃勃、老老实实地坐在椅子上听他把话说完。

在客户听完他精心准备的说辞后，都被他幽默的语言、滑稽的动作吸引，无一例外都会继续与他谈话，然后他便顺水推舟地介绍起产品，而最后的结果，往往是客户欣然购买。

兰博是一家厨具公司的销售人员，在一次上门推销的时候，被客户无情地拒之门外，原因是客户觉得他推销的厨具售价过高，远远超出自己的接受范围。

被拒绝的兰博没有轻言放弃，第二天，他又一次来到这位客户家中。这一次，客户一打开门，兰博就一言不发地掏出一张一元的纸钞，当着客户的面把它撕得粉碎，然后问道："您心疼吗？"

客户虽然有些惊讶，但想了一下便回答道："我为什么要心疼？你撕的是你的钱，跟我又没有关系，你乐意的话可以随便撕。"说完转身就要离开，兰博大声说道："不，你错了，我撕的可不是我的钱，而是你的钱。"

听到这话，客户非常诧异，连忙问道："为什么这么说呢？这明明是你的钱啊，怎么会是我的呢？"

兰博不紧不慢地说道："我带来的这款炒锅的锅底采用最新研发的超强导热材料，能够高效地传导燃气的热量，不仅加热速度快，导热均匀，而且储热性能更是一流，可以最大限度地节约您的燃气消耗。同时，它具有上下分层的锅体结构，可以炒，可以煮，可以蒸，一锅多用，有了它，您便无须再单独购买其他锅具。所以，假如您不购买这款可以为您省钱的锅，那不就等于在撕自己的钱吗？"

客户听完兰博的话，觉得十分在理，于是痛快地购买了两套，一套自己使用，另一套送给母亲。

通过制造悬念引发客户的兴趣，是一种行之有效的开场手段。利用这种方法，使客户产生探究问题答案的意愿，然后将其引入介绍产品的情境，从而达到使客户购买产品的目的。

一位电器销售员得到公司的指示，要求他与本地大型商场商谈，将产品引进售卖。但是无论他如何努力，商场主管都如铁板一块，始终不愿与他合作。经过走访调查，这位销售员发现，原来该商场的电器专场已经由其他公司垄断，而且主管对其产品十分满意，认为没有必要再售卖其他公司的产品。

于是销售员想了一个办法。他又去拜访主管，并直截了当地告诉主管："我这次来并不是要谈合作，而是我有一个经营上的问题想请教一下您，只需要十分钟就够了。"

主管听了他的话大惑不解，急迫地想知道他的目的，于是就邀请他去办公室详谈。

走进办公室后，销售员马上拿出了一款由他们公司研制的新型剃须刀，并请主管为该产品定一个合适的价格。销售员针对该产品，向主管做了详细精确的解说。主管听得聚精会神，连连点头。等他听完，又拿起剃须刀仔细检查，然后做出了中肯的回答。

销售员看了看时间，十分钟马上到了，于是他便谢过主管，收拾自己的东西准备要走。这时，主管连忙挽留他，希望他能再展示一些其他的产品。销售员心里暗自高兴，自己的目的终于达成了！

从该事例中可以看出，如果能激起客户的好奇心，那就有很大的机会可以展示自我，建立关系，从而了解到客户更深层次的需求，只要你能提供合情合理的解决方案，获得订单只不过是时间问题。

所有有过成功经验的销售人员都知道，在销售过程中，起决定性作用的并不是理性，而是感性。当客户对你产生好感，对你们公司产生好感，对你所销售的产品产生好感时，销售成功的概率将会大大提升。

人们在购物时，很多时候都是受好奇心的驱使，才会决定购买，而好奇心则是人类普遍存在的一种现象，只要抓住这一点，便可快速地与客户建立联系。制造悬念主要是为了引起客户的好奇心，提高客户的注意力，并让客户有探究问题答案的强烈愿望，当销售员将客户的好奇心转向产品的性能时，就达到了宣传和推销的目的。因此，制造悬念是销售员应该具备的能力和掌握的技巧。制造悬念除了要具备广博的知识外，还要善于揣摩客户的心理，进行仔细的编排，这其实是一门巧妙的艺术，需要花费力气，下一番苦功。

客户的兴趣是交易最大的动力

人们总是愿意与那些和自己有共同爱好或者兴趣的人沟通，因此，在与客户沟通前，了解客户的喜好也就显得至关重要，它在很大程度上是激发客户产生与销售员交谈的欲望的前提。所以销售员在与客户见面时，可以先倾听，抓住客户的兴趣，再据此进行重点沟通。

医生、地产商和作家一起拜访一位朋友，路过了一条繁华的街道。到达朋友家后，朋友的女儿请三人分别给她讲一则故事。他们的故事都涉及那条繁华的街道。

作家说："在夕阳的照耀下，城市就像一个巨大的暗红色的迷宫，每一条街道都泛着微光，真是一派迷人的景象。"

房地产商说："我在街上看到两个小男孩，他们在讨论着怎样挣钱。一个男孩说，他想在两条街道的交会处摆一个冰激凌小摊。这个男孩子真有商业眼光，以后可能会成为一名成功的商人。"

医生说："我在一个橱窗里看到了很多治疗消化不良的药，一些人正在挑选。他们可能更需要的是新鲜空气和睡眠，但我没有机会告诉他们。"

发现其中的不同了吗？这三个人发现了同一条街道上的不同事物。这说明，对同一个事物，不同的人会把注意力放在不同的地方。

在销售活动中同样如此，客户的注意力是有限的，而且有所选择。商品的属性并不是单一的，而客户在购买产品时可能只是看中了产品的某一属性而已。比如，对一款微型车而言，不同的客户购买的理由是不同的：有的人是觉得价格便宜，有的人是觉得性能优越，有的人是因为车的外形符合自己的风格，而有的人是因为车子小巧，方便停车。

产品的特色是相对的，对这个客户是一种优点，对另一个客户则可能是缺点。因此，销售人员必须了解哪种产品特色对客户的吸引力最大，在推介产品时有重点地向客户描述符合其需要的特色。

比如，客户如果注重产品外观，应针对产品的外形时尚和款式独特进行说明；客户如果注重产品价格，应针对产品的物美价廉或者物超所值来说明；客户如果注重产品质量，则应重点讲述产品的过硬质量。做到这些之后，客户才会坦然地接受销售人员的解说。

总之，产品的卖点有很多。在销售过程中，与其对一个产品的所有特点进行复杂而烦琐的陈述，不如抓住客户最感兴趣、最关心之处进行推介，展示出产品能够带给客户的价值，切忌面面俱到。

陈浩是一名老年保健品推销员。有一天，他来到一个新建的小区，准备进行推销。在小区的花园里，他看到长椅上坐着一位孕妇和一位老人，于是便向小区保安打听道："那应该是母女俩吧？她们长得可真像。"小区保安回答："是啊，她们是母女俩，女儿就快生了，老妈从老家来照顾她……"

之后，陈浩来到了老妇人和孕妇休息的地方，他亲切地提醒孕妇：

"不要在椅子上坐太久了，外面有点儿凉，你可能现在没什么感觉，以后可能会感觉不舒服，等生下小孩以后就更要注意了。"然后他又转向那位老妇人："现在的年轻人不太讲究这些，有了您的提醒和照顾就好多了。"听到陈浩的话，老妇人好像一下子找到了知音："真难得你这样的年轻人还懂得这些，我都提醒我女儿很多次了，让她不要吃生冷的，不要碰冷水，她就是不注意……我曾经在医院妇产科当过护士，因为工作表现突出，还被医院嘉奖过呢……"在老妇人说这些的过程中，陈浩表现出极其认真倾听的姿态。

"是吗？太好了！那您肯定知道如何照顾孕妇和小孩了，我最近也在学习这方面的知识来照顾我爱人，真是找到老师了。"陈浩及时回应老妇人的观点。

后来，他们的话题从对孕妇和新生儿的照顾讲到身体的调养，三个人越聊越投机，而陈浩也成功地向老妇人推销了许多适合她的保健品……

保健品推销员陈浩之所以能让这位老妇人对自己的产品感兴趣，是因为他先掌握了老妇人关心孕妇的心理，然后从孕妇应该注意的事项谈起，打开了客户的话匣子，并积极倾听，在获得客户的认同后，推销产品也就容易多了。

一般情况下，销售员与客户刚开始接触时，客户是不会马上对产品产生兴趣的，因为他们还心存芥蒂；但是如果能在最短的时间之内找到让客户感兴趣的话题，然后再择机带出自己的销售产品，就能够让整个销售过程顺利进行。也就是说，引起客户的注意，善于倾听，找出客户的喜好，激发客户兴趣，让客户感到满意，是一个好的销售的开始。

通常情况下，人们对以下问题会比较感兴趣：客户曾经获得过的荣誉等；客户的兴趣爱好，比如体育运动、娱乐方式，等等；关于客户的家庭成员的情况，比如孩子的年龄和学习状况，老人的身体状况等；某些焦点问题或者时事，比如房价、车价、油价等。

与其拼命遮掩，不如直面产品缺点

销售的过程就是销售人员与客户沟通、谈判、合作的过程，通过了解客户的需要，获取客户的信任，从而使客户购买产品，达成销售目的。所以，诚信是最重要的一点，获取客户的信任，远远要比成交重要得多。

那些销售业绩很好的销售高手大都是讲诚信的人。

一个犹太人在印第安人居住的部落附近开了一家店铺，但印第安人围着店铺只看不买。这时印第安酋长来了，他挑了四样东西，跟老板说明天拿四张貂皮来付账。

第二天，酋长却拿来了五张貂皮给老板，而且第五张是特别珍贵稀有的那种。老板却说："你只欠我四张，我只拿我应得的。"推让了半天后，酋长满意地笑了。

接着酋长走出店铺，大声对外边的印第安人说："朋友们，进来吧！这个老板不会欺骗我们，是个值得信赖的伙伴！"

还没到关门的时间，店铺的柜台后面就堆满了貂皮，抽屉里也装满了钞票。再后来，这个老板成了远近闻名的商人，也是当地少有的百万富翁。

诚信是做销售的基本保证，没有诚信就做不了销售。销售人员在工作中不讲诚信，愚弄、欺骗客户，表面上看是损害了客户的利益，实际却是在损害自己的利益，因为客户会吃一堑长一智，最多只上一次当。

林肯说过："一个人可能在所有的时间欺骗某些人，也可能在某些时间欺骗所有的人，但不可能在所有的时间欺骗所有的人。"对于销售员来说，道理也同样如此。销售员耍的小聪明、小手段即使当时取得了成功，这种成功也不会长久，要想赢得客户的信任，诚实守信才是细水长流的好办法。

现如今是互联网时代，一旦人品出了问题，会被迅速传播，谁还敢与你合作？所以，做大事靠做人，做小事也靠做人。做人不一定是特别善于维护人际关系，言行端正、在商言商便好。

人是利己的，但首先要利人，唯有利人，才能利己。

一个诚实守信的商家，才会被人们信赖，才具有长远发展的基础。"敲钉子不是一锤子就行的"，而对诚信的遵行也需要"一锤接一锤"，售后服务也一步不落。只有这样，我们才会获得无穷的助力，最终成为"讲诚信的赢家"。

信赖感要用真心诚意换

"受人滴水之恩，当以涌泉相报。"对于大多数人来说，投桃报李是人之常情，所以销售人员的感情投资也会得到回报。

销售人员与客户的关系就像追求者和被追求者，如何把对方追到手，之后又该如何经营这段关系，后者甚至更为重要。

你用真情对待客户，客户也会真心对你。交易的双方有了感情基础，生意也就不难做了，你也就拥有了更加稳定的销售渠道。

谷歌创意营销首席战略官——阿比盖尔·波斯纳曾经说过："在市场营销中我们不能低估情感因素，应当理解这种无声的力量的重要性。"

阿比盖尔凡事都讲究亲力亲为，非常注重与客户的交流，而且她总能细致入微地观察客户，了解客户的生活习惯，了解客户的爱好，了解客户的真实需要。通过这些必要的了解，她总是能够和客户培养起感情，最终建立长期的合作伙伴关系。

王女士于2005年4月从某家工厂辞职，开始做服装生意。由于热情待客，王女士的生意做得顺风顺水。她能记住每位顾客上次来店穿的衣服或是发型，这也正是她的制胜法宝。

很多顾客第二次来时诧异于王女士能记住他们，这无形中会给她带来不少长期客源。

有空的时候，王女士经常请顾客喝奶茶，吃羊肉串。做生意也是种艺术，记住每位顾客是种独特的心理战术，以心交心，捕捉每个细节，才可以吸引更多的顾客。

顾客买的衣服如果不喜欢，几天内可以退换，这也是很多顾客来她店里买衣服的原因。王女士认为，做生意要赚钱，但更重要的是做人。有一位顾客一次买了2000元的衣服后，隔了几天又买了1200元的衣服，后来还想买，王女士却阻止了她。遇到一些冲动消费的顾客，王女士会告诉她们要冷静，并提议顾客将衣服带回家征求家人的意见后再买。

从记住每一位顾客的名字，经常和顾客喝茶聊天，到承诺衣服不喜欢可以包退包换，甚至劝说冲动消费的顾客，等等，这些看起来微不足道的小事，体现了王女士把顾客当作最贴心的朋友，甚至当作家人一样来看待。

真心付出，必有回报，做生意先做朋友。王女士用实际行动践行了这一商场定律。她真心实意地把顾客当朋友，朋友当然会照顾她的生意。

我们常说，做买卖就是做生意，其实买卖与生意是两码事。买卖，是一种简单的交易行为；生意不仅包含买卖，还有各种各样的技巧以及人情世故。简单地说，买卖只是生意的一部分。

做买卖就相当于开超市，货物的价格是统一规定的，不能讨价还价，你能做的只是挑选自己喜爱的货物，然后到柜台结账离开。做生意就有意思多了。顾客能够和商家讨价还价，双方进行各种心理攻防战，最终达成两者都满意的价格。通过这一简单的对比，大家就会明白做生意不仅仅是买卖那么简单，其中包含着很多的学问。

　　与客户培养历久弥新的感情，需要从做朋友开始。你把客户当朋友，客户才会把你当朋友。大家相处融洽，生意才会越来越好。

　　其实，花费时间与精力去建立一段长久的关系，培养与客户的感情是一个双赢的举措。如果成功，双方都会受益。

唠家常是最具好感的开场白

　　在那些受大家欢迎的人身上，最让人不容忽视的魅力就在于他们的热情。一个人的热情程度，将影响我们是否会喜欢他、接受他、亲近他。热情会感染他人，尤其对于客户来说，热情的话语是一种潜在的力量，它会在不经意间改变客户的态度，引发客户的购买欲望，从而达成共赢的销售目标。

　　两位素不相识的旅客因为飞机延误而互相攀谈起来。

　　"听口音您是西北的吧？"

　　"对啊！我是甘肃兰州人。您是哪里人啊？"

　　"我是山东寿光人，在兰州上的大学，所以一听你说话就听出来了！"

　　"是吗？我在寿光上的学！我老婆就是寿光人！"

　　"哎哟，那真是有缘分啊！算半个老乡了啊！"

　　话说到这儿，两个人都热情高涨，从山东聊到甘肃，从上学聊到工作，越聊越投机，不知道的人还以为他们本就相识。接着两人互换了名片，留了联系方式，甚至一起去蒸了桑拿，临睡觉前，双方居然还从对方那里订了一批货物：山东人订了甘肃人的一批枸杞、百合等土特产，甘肃人订了山东人的一批新鲜的时令蔬菜。

这笔生意的成交完全在于他们找到了"家乡"这一共同话题，使得双方都有一见如故的感觉。在不知不觉中，他们拉近了彼此的距离，愿意与对方进行深入的交流。接下来的生意不过只是水到渠成，甚至只是一份友谊的附加产品，双方不仅收获了订单，更收获了友谊。

所以，一见如故，是与客户谈生意前的理想状态。

如何营造与客户之间一见如故的感觉，总结起来有以下几点：在会面之前做好充足的准备工作，掌握客户的背景、经历、人际关系；找准客户的兴趣点、个人爱好，并详细了解、学习；锻炼出敏锐的观察力，从客户的言谈举止、吃穿用度等方面寻找出共同话题。做到这几点，无论是与怎样的客户会面，都能迅速营造出一见如故的感觉，只要拉近了双方的距离，成功率便会大大提高。

小赵是一家净水设备公司的销售人员，有一次她去拜访一位客户。

"您好，我是××净水设备公司的销售经理小赵，近期我们公司新研制了一款新型的净水设备……"

还没等她把话说完，客户便打断了她，并且表示没有需要，请她不要再来打扰。试想一下，面对如此千篇一律的开场白，客户怎么可能不厌烦！

小赵回到公司，根据已有的客户资料，经过查询搜索，得知这位客户很喜欢手工雕刻，还对外出售自己的作品，于是聪明的小赵便想到了另一种方法。

"您好，真不好意思，我又来打扰您了……"

不出所料，客户又下了逐客令。

小赵连忙解释："我这次来并不是向您推销产品，我听说您是雕刻艺术家，我的父亲平常也喜欢自己雕一些小东西，我想买几件您的大作回去送给他，顺便向您讨教一些雕刻技巧。"

听到这些话，客户的脸上露出了一丝得意的神情。接着，他便带小赵来到了工作室。看到房间里摆满了各式各样、琳琅满目的雕刻作品，小赵便发出了惊奇的感慨："您有这么多作品啊！太厉害了！这个好漂亮，是根雕吗？"

客户听到小赵的赞美，自然是非常高兴，并且根据小赵的需求，现场为她制作了一款精美的木器摆件，小赵如获珍宝般小心翼翼地包了起来，并且表示要和父亲一起来拜他为师，学习雕刻。在向客户求教了一下午的雕刻知识后，小赵便告辞离开了，临走前只是留下了一些精心准备的产品介绍，并没有再询问客户是否要购买。

两三天后，客户便打来电话，购买了好几台最贵的净水设备。

小赵在整个过程中，恰到好处地体现了自己的热情。虽然只是客套之语，但是让客户感觉非常舒服，成功地消除了客户的排斥心理，迅速赢得了客户的好感，为成功销售做好了铺垫。

在第一次的碰壁之后，小赵迅速调整方法，第二次成功地拉近了与客户的关系，促成了销售。

可以看出，销售人员在与客户谈生意之前，主动地营造一种一见如故的亲切氛围，将对销售行为大有益处。

以下有几种开场方式，可以对初次见面时营造一见如故的氛围有绝佳的效果。

1. 寻找共同的人际关系

对于素不相识的客户，只要你认真调查，就可以找到一些或亲或远的关系交集。初次见面时，提起这些关系，便可以迅速地缩短双方的距离，让客户产生亲切感。

2. 发掘对方擅长的领域

尺有所短，寸有所长，每个人都有自己擅长的领域。如果在与客户交谈时，能够提到他的长处，并加以赞美，就可以使对方心情愉悦，与你交谈的积极性也会大大提高。

3. 表达双方相同的感受

根据对方的状态，主动表达自己也曾有过相同的感觉，也可以大大提高对方对你的认同感。成就被肯定，品质被赞扬，处境被同情，相同的情感经历会使对方将你视为知己。

热情洋溢的交谈可以帮助你打开客户的心门，但这种热情必须掌握好分寸和尺度。点到为止的交谈能够让客户感受到亲切自然，而过度热情的交谈则会使客户感到虚伪厌恶。

销售者若想成功，可以通过以上方法打消客户的戒心，使客户放下防备，从而达成销售目的。

人见人爱，花见花开

一个理发店里的小学徒在经过半年的学习之后，终于可以给顾客理发了。然而，当他给人生中的第一位顾客理完发后，顾客表示并不满意，埋怨学徒把自己的头发剪得太短。面对这种情况，小学徒不知所措，只能望向坐在一旁的师傅，师傅不紧不慢地笑着解释："不短不短，正好呢！短发可以让您看起来更加精神，也能让人感觉到亲切。"顾客听了这话，笑着点点头，付了钱就离开了。

小学徒紧接着又迎来了第二个顾客，这回他吸取了上次的经验，把顾客的头发理得比上个长了些。谁知，这位顾客却抱怨头发留得太长。这让学徒又一次陷入了尴尬的境地。幸好师傅及时站出来解释："没事没事。头发长一些让您看起来更加含蓄，这就叫藏而不露，也非常符合您的身份啊！"顾客听罢，心满意足地付钱离开了。

有了前面两次教训，小学徒在给第三位顾客理发时费尽了心思，花了比平常多两倍的时间来为这位顾客理发。结果，顾客不满地嘟囔道："剪个头发花这么长时间！"学徒再次无语。而聪明的师傅又一次化干戈为玉帛："为了'首脑'多花点儿时间很值得嘛。'进门苍头秀士，出门白面书生！'"顾客听后，哈哈大笑，满意而去。

对于徒弟的失误所造成的意外情况，聪明的师傅只用了几句话就消除了顾客的不满，其中的秘诀便是针对各种意外借题发挥，忽视其劣势，放大其优势，拣好听的话说进顾客的心坎儿里。最后当然是"说者有意，听者得意"了。

销售是场充满变数的口舌之战，不同的客户，习惯的思维方式或说话特点迥然相异，即使是同一需求、同一动机，不同的客户表现方式也不尽相同。显然，以不变应万变容易陷入被动境地，而针对不同的销售对象设定不同的销售方案，以万变才能应万变。销售过程中，不仅要详细了解客户的需求和动机，面对不同的客户，还要采用不同的说法，只有把话说到对方心坎儿上，才能达到销售的预定目标。

一名销售人员在与前来看货的客户寒暄之后，便开始推销自己的产品。然而，言谈举止间，这位销售员发现眼前的客户似乎别有心事，对是否要订货一事反倒心不在焉。

销售员试探着问道："您对现在的岗位感觉如何？您喜欢您现在的工作吗？"

客户经过短暂的思索，回答道："其实我对现在的职位并不满意，我的目标是当领导。"

销售员听到客户这么说，便心生一计："我们这个产品高效节能，如果贵公司使用了的话，会让整个生产线的效率立即提高两倍以上。这样您的领导也一定会对您刮目相看，升职加薪也就不是问题了。"

客户听完销售员的介绍很是惊喜，一下就订购了 100 台机器。

抓住要害，投其所好，往往是销售中的不二法宝。只有顺着对方的所思所想这条藤，才能够摸到达成合作这颗瓜。不懂察言观色，不懂揣摩对方心意，等于搞不清方向就盲目上路，别说顺风顺水，搞不好还会迷了路。假如你和一个钓鱼爱好者聊养鸟，肯定是话不投机，但是如果聊渔具，那便是酒逢知己了。只有用心研究客户的特点，分析客户的需求，为他量身制定一套独一无二的销售策略，才能够在销售中做到遇山开路、遇水架桥，把主动权牢牢地控制在自己手中。

针对冷静型的对手，要以理服人。不妨站在对方的立场加以引导，以多方比较、举证来全面展示我方产品的优点，本着为其着想的角度，来赢得对方的理解支持。

假如碰上沉默型的对象，不妨以情动之。谈些对方感兴趣的话题，打开对方的话匣子；或者多提些问题来诱导对方回答，从而变被动为主动。总之，要让他们积极地说出自己的想法，才能从中找到突破口。

如果是多疑型的对手，切勿夸夸其谈，否则只会让对方疑虑重重，效果适得其反。不如以诚待之，让对方充分地信任你，打消对方的疑虑，接着再慢慢将话题导向正事。

总之，没有搞不定的客户，只有看不准的人心。准确辨别对方的性格类型，读懂其需求和特点，接下来的一切也就水到渠成了。

只有学会到什么山上唱什么歌，才能"人见人爱，花见花开"。

欲擒故纵，由被动变主动

常言道，女人心，海底针。其实，不仅女人的心是海底针，每个人的心都是海底针，都是难以捉摸和触摸的。对于每一位销售员来说，最难的并不是推销产品和推销自己，而是每一位客户的心都是难以捉摸、飘忽不定的。必须搞定客户的心，让客户信任自己、认可产品，才能最终达成交易。

很多推销员非常真诚地向客户介绍产品，但是客户还是表示怀疑，犹豫不定。其实，在销售策略中，正面说服客户的方法只适用于少部分容易信任他人的客户，对于大多数对推销员怀着戒备心理的客户而言，搞定客户，得到客户的信任，简直难上加难，这也使推销工作很难进展下去。那么，到底如何才能让客户从被动成交变为主动成交呢？只要掌握技巧，也并非不能做到。很多经验丰富的销售员正是因为掌握了技巧，才创造出了良好的销售业绩。

这个方法就是"欲擒故纵"。欲擒故纵，原本是三十六计中的第六计，意思是先故意放开敌人，使敌人放松警惕，完全暴露，然后再捉住敌人。关于欲擒故纵，古时候诸葛亮七擒孟获，七擒七纵，也并非脑袋一热的感情用事，而是想要孟获真正降服，从而在政治上为他所用。不断扩大疆土。

假如销售员也能够灵活使用欲擒故纵的方法对待客户，那么促使客户成交就会变得相对轻松和容易。遗憾的是，总有些销售员在销售过程中急功近利，恨不得马上就把客户的钱装入自己的口袋，导致客户产生戒备心理，也使得接下来的销售工作进展艰难。所谓欲速则不达，说的正是这个道理。

其实，客户对于销售员的正面推销往往带着抵触心理，但是对于销售员不小心出现的错误，他们却会暗暗窃喜，迫不及待地想要趁着销售员出错的时候占便宜呢！在客户的这种心态下，如果销售员恰到好处地出错，给客户可乘之机，那么客户一定无法继续保持淡定和理性，反而会有些着急起来。

有个布店的老板一时性起，进了一件非常昂贵的貂皮大衣。这件衣服实在太贵了，普通人根本买不起，所以虽然问的人很多，但三个月了，还没有卖出去。老板很发愁，因为这件衣服占用了他的流动资金，他甚至不再奢望这件衣服赚钱，而只是想把它变现。为此，在一天早晨吃完饭准备开张时，他对全店的伙计说："谁能把貂皮大衣卖出去，就奖励谁半个月的薪水。"听到老板的话，大多数伙计都接连摇头："老板，我们确实是能力有限啊，上哪儿找那么有钱的主呢！"突然，有个新来的小伙计说："老板，放心吧，三天之内，我肯定把大衣卖出去。"听到这话，其他人都觉得新来的伙计不知道天高地厚，要不就是被奖金馋疯了。

次日，店里来了一个贵妇人，衣着打扮看起来非常贵气。贵妇人一进店，眼睛就滴溜溜地盯着貂皮大衣。这时，新伙计问："这位太太，您是想看看这件大衣吗？您气质高贵，这件大衣特别配您！"听到新伙计的恭维，太太很高兴，便问大衣的价格是多少。新伙计挠了挠头，说："太太，我才来三天，是个打杂的，还不知道价格呢。不过，要是您能从我手里买走这件大衣，那我的地位马上就提高了。这样吧，您等一下，正好其他伙计都不在，大伙计在吃饭，我问一下大伙计。"说完，新伙计朝着正坐在远处厨房里吃饭的大伙计喊道："师傅师傅，这件最贵的大衣最低多少钱能卖啊？"正吃饭的大伙计喊道："300块钱！"大伙计声音很大，连贵妇都听得清清楚楚，这时出人意料的事情发生了，只听见新伙计说："太太，这件大衣200块钱。真贵，是吧！也只有你们有钱的太太穿得起，普通人家的妇女，连问都不敢问，摸都不敢摸呢！"贵妇觉得难以置信，小声问："多少钱？"这时，新伙计说："对不起，太太，您能声音大些吗？我小时候发高烧好几天，后来耳朵就不太灵了。"这下子，贵妇知道刚才大伙计为什么要喊那么大的声音了。她心中暗自窃喜，赶紧掏出200块钱，买下大衣就离开了。其实，她是害怕大伙计吃完饭出来，纠正这个错得离谱的价格。就这样，新伙计成功以200块钱的高价，让贵妇迫不及待地买下了大衣。

人总有爱贪便宜的心理，新伙计正是利用人爱贪便宜的心理，成功地把大衣卖给了贵妇，贵妇那么急不可待，甚至都没有讨价还价。不得不说，欲擒故纵的方法的确是效果显著，作为销售人员，我们都应该深入研究这个方法，从而为自己的工作表现加分。

此外，现代社会很多公司还会采取饥饿营销的方式，造成产品供不应求的局面，其实也是利用欲擒故纵的方法。如之前大卖特卖的苹果手机，甚至还要加价才能买到，就是因为限量。当然，对于小的经营者而言，饥饿营销的方式用起来总显得没有那么底气十足。不过，就算是一些小摊贩，也同样可以欲擒故纵。如有些摊贩会故意雇人在摊位上排起长队，营造供不应求的假象，这实际上就是为了使客户对他们的产品更感兴趣，也更愿意购买。当然，在使用这种方式营销时，摊贩其实还利用了人们的从众心理，不过他们很有可能是无意识用到了从众心理，所谓搂草打兔子——一举两得。

但是需要注意的是，凡事都要适度，否则就会导致物极必反。在使用欲擒故纵法与客户交流时，要注意采取恰到好处的语气，否则一旦伤害客户的自尊，激怒客户，营销工作必然失败。此外，使用欲擒故纵的方法促使客户成交，不管最终的结果是成功还是失败，销售人员都要做到不动声色，不被客户觉察，否则就会失去客户的信任，可谓得不偿失，后果严重。当然，销售的过程处于不断的发展和变化之中，销售人员必须机智灵活，随机应变，才能保证欲擒故纵法取得成功。

再能言善辩也不能打断客户

插话可不是插花，并不会让两个人的交谈变得更顺畅，反而会使谈话陷入胶着，甚至升级为"吵架"。

虽然在交谈中每个人都有发言权，但许多人过分相信自己的理解能力和判断能力，经常在别人说到劲头上时随意插话，打断对方。这样的行为有失礼貌，不但搅了对方的兴致，还会阻碍对方思路，破坏对方的情绪，引起对方的反感。

销售人员在与客户交谈时，客户颇有兴致地侃侃而谈，销售人员要耐心倾听，切不可随意插话。即使客户说出的观点全部错误，也要等他说完话，销售人员才能提出反对意见。

约翰·洛克指出："打断别人说话是最无礼的行为。"如果销售人员没有意识到这一点，无疑会伤害客户的感情，导致自己失去订单。

一家公司的新办公楼刚刚建成，装潢公司的刘海川听说这个消息以后，便前来拜访。刘海川一见到客户就递出了名片，并介绍了自己公司在室内装潢方面的优势。客户说："虽然我们以前不认识，但通过你刚才所说的，我了解到你们公司在室内装潢方面独树一帜，有很高的权威性。假如我们公司的办公楼选择让你们公司来装潢，我相信你们能做得很好。但在你来之前，也有一家装潢公司来过我这里，向我介绍了他们公司在装潢方面的优势……"

客户话还没说完，刘海川就插话了："你所说的那家装潢公司我也知道，他们公司最近在装潢市场混得风生水起，但实话实说，他们公司的设计太低端了，配不上你们公司的大气。"

这句话不说还好，一说便让客户拿定了主意："不错，他们公司的设计风格的确大多数比较低端，但他们公司现在一直在发展，技术也很先进，出于他们的态度，我还是无法拒绝让他们来装潢。"

就这样，刘海川只好悻悻地离开了。

事后，那位客户跟自己的朋友聊起这件事："那个销售员根本没有听懂我的意思就把我的话给打断了。本来我是暗示他，他们公司的装潢技术和风格都很好，我有很大的信心让他们来做，但来找我的装潢公司很多，不止一家，我只是想砍砍价，没想到他居然那样攻击他们的竞争对手，人品太差，我宁愿找别家也不找他们公司。"

在这个案例中，销售人员本来很有希望达成一桩不错的交易，最终却以失败告终，主要的原因就是销售人员过于急躁，不等客户说完话，甚至还没有听懂客户的意思就打断客户的话。

打断客户说话是非常不礼貌的，因此在客户说话时一定要注意以下几点：

①不要用毫无关联的话题打断客户讲话。

②不要用毫无意义的评论打断客户讲话。

③不要抢着替客户说话。

④不要急于帮助客户讲完故事。

⑤不要为无关紧要的小事打断客户的正题。

销售人员在听客户说话时，如果真有些地方听不懂，或者听漏了一两句，也千万不要在客户说话的过程中突然提出问题，而应该等客户把话说完再提问，比如："很抱歉，刚才那句话您是怎么说的？"

如果客户正在说话，销售人员就急不可待地打断客户："等一下，您能不能重复一遍刚才的这句话？"客户就会产生被命令或指使的感觉。

有的销售人员因为不认同客户所讲的内容，便不假思索地说："这话不应该这样说吧？"有的销售人员则是因为不满意客户的意见而急切地提出自己的见解，甚至当客户只是稍微停顿了一下时就抢着说："你要说的是不是这样……"这都是应该避免的。

因此，听人说话，务必有始有终，哪怕十分想要发表自己的观点，也要注意避免插话，在客户说完后再提出自己的见解才能始终保持顺畅的交谈。客户正在饶有兴致地说话，讲到的可能是非常重要的信息，销售人员觉得自己有话要讲，就不顾客户的感受贸然插话，不仅会失去获取重要信息的机会，还会让客户反感，觉得没有受到尊重，成交自然毫无希望。

第六章

唇枪舌剑，
商业谈判的沟通艺术

舍不得诱饵，套不着"狼"

谈判专家是从来不屑于将谈判比作什么战场的，战场有胜负，而谈判桌上，没有非胜即败的结果。谈判双方永远都是平等互利的关系。问题的关键在于谁能够发现自己的利益点，创造出双方都能满足的"蛋糕"空间，避免"短兵相接"的尴尬。

邻居家的孩子刚刚考上大学，邻居非常高兴，决定奖给儿子一台笔记本电脑。但是，当一家人兴高采烈地来到电脑城挑选电脑时，却出现了一个不愉快的插曲：儿子希望买一台配置高一点儿的电脑，至少是双核CPU、4G内存、200G硬盘、独立显卡等，可以流畅地玩游戏；而母亲希望买一台具备上网、看电影、写作业这些简单功能即可的电脑，配置低一点儿无所谓，关键是还可以省一点儿钱。母子俩因为各自的观点争吵起来。孩子的父亲见状，急忙出面解围，对妻子说："这配置低的电脑，用不了多长时间就会被淘汰掉，而且很多关键的零部件已经没有了升级替代产品，一旦出现问题就等于是浪费钱。"

儿子看到父亲站在自己的阵营，更是坚定了要买好电脑的决心。然而，这位聪明的父亲转头又对儿子说："买电脑主要是为了你学习使用，不是为了给你玩游戏提供便利。而且电脑配置那么高，很多时候你也用不了，还不如买台配置适中的电脑，既不影响学习，也可以为家里省一点儿钱。"

经过父亲这一番分析，母子俩很快达成一致意见，买了一台中等价位、配置也还不错的电脑。

在这个故事中，父亲就扮演了一个谈判专家的角色。在母亲和儿子因为各自的利益诉求互不相让、谈判就要破裂的时候，父亲站出来，先明确各自的利益诉求，然后让他们牺牲自己的一些利益，找到了一个合理的契合点，让大家都满意，最终谈判成功。如果谈判双方永远只站在自己的角度去思考、评价、判断问题，恐怕永远也不会让谈判顺利进行。

有一个洗发水的广告语是这样说的：大家好，才是真的好。这句话蕴含的谈判技巧，就是合作。这也是谈判成功的基础。只有本着合作的目的去谈判，都站在对方的角度上想想自己的观点和诉求，然后慢慢减少分歧，发现共同点，并不断放大共同点，最终才能达成协议。

谈判中的分歧是经得起推敲的。世界上本来就没有完美无缺的东西，只要善于发现，总是会找到让对方让步的点。不和对方拼什么"狭路相逢勇者胜"，而是积极找到不同的点，客观地给予价值评判，让双方做出冷静的选择。

某百货商城想采购一批春装，有一家厂商的产品非常适合，而且非常受消费者欢迎，于是商城就派 A 采购员去与厂家谈判。但是在谈判过程中，厂家开口咬定 200 元一件，一副毫无商量余地的口吻。结果 A 采购员悻悻而归。

接着，商城又派了 B 采购员前去商谈。开始的时候 B 没有与厂家谈价格，而是仔细查看了厂商的产品，突然看到一件衣服袖口的线缝制得比较粗糙，就说："你看这件，这么粗糙的做工，比不过其他几家啊！"

B 采购员又看了几件衣服，继续吹毛求疵："衣服的式样也比较单一，流行的款式也不是很多。"

这时候，厂家显然有点儿扛不住了，便以商量的口气询问："你要是真想买，价格可以商量，怎么样？"

B 采购员爽快地说："当然买了，但是也不能让你太吃亏，这么着吧，我买 500 件，每件 150 元。"

厂家面露难色："你买的数量不多，150 元一件，真的赚不到钱。"

B 采购员说："那这样吧，我多买 200 件，每件再加 20 元行不？"

厂家当场开心地说："成交。"

采购员 A 和 B 的差距就在于，A 是就事论事，不管三七二十一，直截了当，一句话：行就行，不行就不行。而 B 则善于分析对方的特点，找到双方的主要冲突所在，然后深入挖掘对方的劣势，并一览无余地暴露出来，削弱对方的谈判实力，让对方心虚，主动让出一部分利益。这样一来，B 不但得到了蛋糕，而且切了比较大的一块，自然是"一举两得"。

在谈判中，不要死盯着同一个"蛋糕"不放。当遇见死心眼儿的对手时，不妨换个角度，给自己寻找另外的收益点，创造"两个蛋糕"，岂不是皆大欢喜？

站起来，眺望一下远处，那山的风景会更好。

谈判双方太关注于同一个点的时候，往往会争得头破血流。而事实上，双方很容易忽视谈判的真正意义在哪里。放大了差距，而忽视了共同点。实际上，有时候需要跳出谈判去谈判——站得更高，看得更远。

喜怒不形于色，谈判水到渠成

谈判是个斗智的过程，更是个斗心的过程。谈判双方为了各自的利益斤斤计较、你争我斗，难免会有些让人尴尬甚至愤怒的时候，以致失去理智，被情绪牵着鼻子走，从而丧失谈判的主动权。所以，在谈判过程中保持稳定的情绪至关重要。

在谈判中，喜怒不形于色是必要的，不能让谈判对手摸清你的情绪。只有这样，才能扰乱对方的视听，让其看不懂、摸不清、辨不明，然后在敌明我暗中，一招制敌。

喜怒不形于色，是谈判中的一种态度，也是谈判中的一种技巧，更是谈判中的一种涵养。谈判中的淡定，就是面对对方提出的各种诱惑条件或者苛刻条件，都不急不躁、不温不火，亲而有度、顺而有持。所以说，淡定在谈判中是一种能力。但凡高明的谈判者，都是淡定的典范。

在与对方一拍即合时，淡定能让你自我控制，保持理智；当与对方产生分歧时，淡定能让你理解对方，保持宽容。很多谈判者，一高兴，就几乎把对方当成了知己，恨不得把自己公司所有的秘密都倾囊相告；而一生气，就完全把控不住自己，脸红脖子粗地争吵不断，而且还瞪眼睛、拍桌子、摔东西。结果，冲动就是魔鬼，在情绪的笼罩下，不是被对方算计，就是让谈判陷入僵局，最后不欢而散。

控制好自己的情绪，让情绪为你所用，是谈判成功的前提。一旦情绪激动，喜怒哀乐了然于表，让对方对你的心思一目了然，自然也就无主动权可言。

许宁的手机出了点儿问题，需要更换一下手机的锂电池，但是她的手机型号非常特殊，到处寻找都没有找到合适的电池。本来就琐事缠身的许宁在东奔西走仍然没能解决问题后，终于忍不住开始烦躁。

幸运的是，在不停的抱怨中，许宁终于找到了她需要的电池。但是，一问价格，出乎许宁的心理预期。本来就烦躁不堪的许宁听到店员报价后终于爆发了："怎么这么贵啊？你们是抢钱啊？能有折扣吗？"

店员瞟了一眼许宁说："不好意思，今天没有。"

许宁的情绪继续爆发："那你的意思就是以前有，以后也会有，就是今天没有吗？为什么同样是顾客，你对以前的顾客和以后的顾客与对现在的顾客不一样呢？你们这是什么服务态度？我希望你们打折卖给我。"

店员头也不抬地说："我们没有权力那么操作。你要么自己去找经理。"

依然陷入愤怒的许宁直接拍着柜台桌子说："把你们经理的电话告诉我，我找你们经理处理这件事。"

店员像故意跟许宁唱反调一样："我们经理不在。"

"那告诉我你们经理的名字！"许宁几乎是叫嚣着说。

店员不耐烦地递了一张经理的名片给许宁，许宁看了一下店员的工牌，然后将店员的名字写在名片的背面，愤愤地说："你们家的电池我不买了。"然后扬长而去。

其实，于店员而言，并没有任何损失，但对于为了买块电池跑遍了整个城市的许宁来说，好不容易找到了电池，却因一时的情绪失控而放弃了自己的目标，实在不值。到头来，吃亏的还是她自己——情绪的奴隶。

面对谈判，只有怀有"不以物喜，不以己悲"的心态，喜怒不形于色，淡定从容地面对一切，才能取得谈判成功。

谈判者需要管理好自己的情绪，淡定，再淡定，而不是放由情绪的波澜恣意施展。保持冷静、克制情绪，是一场谈判胜负的关键。高手过招，成败只在一念之间。利用好情绪的杠杆，让对方变成"聋子""瞎子"，谈判自然会水到渠成。

以退为进，曲线救国

中国有句老话叫"过慧易夭，情深不寿"，同样，过于强势反而会对自己不利。特别是在谈判桌上，有时候双方较量的不是临场的应变力、谁更强势、谁的声音更响亮，而是看谁更讲究策略、更能耐住性子。谈判桌上有两种人最难对付：一种是反应敏捷、伶牙俐齿的强者，一种是反应迟钝、犹豫不决的愚者。真正的愚者恐怕永远也达不到强者的气场，但精明的强者却可以伪装自己，让自己看起来像弱者。

两家分别来自日本和美国的公司进行谈判，从上午 9 点一开始，整个局面就被美国公司的谈判代表牢牢地握在手里，他们还时不时地向日本公司的谈判代表发问。他们通过播放 PPT 详细地介绍各种图表、数据，但是日方代表一言不发，只是静静地坐在那里听着。两个小时后，美方代表关掉了放映机，心想日本人应该不会有什么反对意见了，便询问日方代表的看法。

一位日方代表面带微笑，略显失望地说了一句："我们还不太明白。"

"不明白？你能说说是哪里不明白吗？"

"都不明白。"

美方代表压住心中的怒火，问道："能说具体一点儿吗？从哪里开始不明白的？"

这时，另一位日方代表说道："从你们打开放映机开始播放的时候就不明白。"

美方代表顿时傻了眼，问道："那怎么办？"

第三位日方代表说："那就劳烦你再讲一遍吧！"

眼看马上就到吃午饭的时间了，而且刚才是用了两个多小时才讲完的，如果再讲一遍，不知道要到猴年马月了。美方代表就像泄了气的皮球，最后不得不放低要求，和对方达成协议。

美国公司准备得很充分，显然是有备而来的，日方代表如果和他们正面交锋，很难占到便宜，所以他们采用以退为进、大智若愚的办法，从侧面进攻对方的心理防线，最后如愿。

19 世纪末，一家法国公司准备在哥伦比亚的巴拿马省开一条连通大西洋和太平洋的运河，经过谈判，最后双方达成了协议。工程如期开工，但该项目的法方负责人很快就发现，因为当地地形恶劣，工程进度比预想中的慢。没过多久，公司就因资金短缺导致运营陷入了困境。最后，综合考虑之下，法国公司不得不决定将巴拿马运河的开凿权准备以 1 亿美元的价格卖给美国政府。美国方面早就对巴拿马运河产生了浓厚的兴趣，此时却故作姿态，拿出一份报告说在尼加拉瓜开凿运河更省钱。与其用 1 亿美元购买巴拿马运河的开凿权，还不如在尼加拉瓜开运河。

法国公司对美国政府的这种想法大吃一惊，同时也担心美国政府会退出，就同意削价，只需 4000 万美元就可以了。

对于这样的价格，美国政府仍然感到不满意，就又提交了一套方案，说如果美国政府能同哥伦比亚政府达成协议，就同意开凿，否则还会选择尼加拉瓜。

这样，哥伦比亚政府也坐不住了，最后勉强同意以 100 万美元的价格长期租给美国一条运河区，美国每年另付 10 万美元的租金即可。

就这样，美国政府用"以退为进"的策略，让法国公司和哥伦比亚政府屈服，以低价取得了巴拿马运河的开凿和使用权。

以退为进的示弱就是让对方看到自己的"弱势"，从而让他们放松警惕，这样就容易掌握对手的真正意图。这个时候再想用什么方式取胜就是技术问题了。很多情况下，经验丰富的谈判高手的心思很难被摸清，这时就需要用分析和推断来为对方"把脉"。如果对方有打持久战的意图，不妨冒险以退出恐吓对方，等打破僵局后再谋出路。

想让对方在关键问题上让步就不要急于表现出来。当然，你可以在较小问题上先让步，不过最好不要草率，以免对方看出你的意图。

能坐在一起谈判就说明需求是双向的，明白了这个道理，就应该利用对手的弱势，在谈判中采取以退为进的策略，弱化自己，隐藏真实意图。

最后，等对方的忍耐到了一定的地步时，再抓住机会迫使对方就范。

"问"出对方弱点

祸从口出，说得越多，犯错、泄密的机会也越多。相反，少说多问，不但降低了犯错的概率，还容易在隐藏自己真实意图的同时，探取对手的更多资料、信息。如此，藏己而知彼，运筹于帷幄，必将在后期谈判中多一分胜出的希望。

谈判不是卖弄口才的"脱口秀"，缺乏经验的谈判者总是错误地认为自己的谈判任务就是大谈特谈自己的情况，对方一提意见就噼里啪啦地反驳，以为说得越多，胜出的机会越大——整个谈判过程都在享受自己的口才表演，对于对方的发言却充耳不闻，从而错过了很多宝贵的信息，自然失去了谈判优势。

优秀的谈判员往往把50%以上的时间用来倾听，剩下的时间则根据自己听到的信息不断向对方提出问题，以此获得大量宝贵信息，增加谈判的筹码。

不仅要问，还要会问，每一次发问都要问到点子上，都要问有所得。谈判桌上的即兴发问往往效果不甚理想，甚至还会因为思虑不周而犯错误。因此，在谈判前不妨先根据对方的信息和自己的利益，有针对性地准备好一些问题。

提问也有天时、地利、人和的讲究。谈判中要避免那些指责对方或者怀有敌意的问题；为了判断对方诚意，不妨在谈判过程中，无预兆地打断对方思路，突然提出一个涉及谈判关键的问题，令对方在猝不及防中吐露真言。值得注意的是，在发问后，应保持几秒钟的沉默，以给对方时间来回答。此时，不应在对方未做出回答之前，着急提出下一个问题或开始自问自答，以免让自己的发问石沉大海。

在谈判中，多问胜于多说。有技巧地提问可以让你在谈判中获取更多的信息，占据更主动的位置。

擒贼先擒王，谈判抓要害

有一位酷爱油画的美国人去意大利旅行，路过米兰画廊时，看到三幅让他叹为观止的油画，决定将它们收为己有。

当时，米兰画廊的每幅画价格都在 50～80 美元之间。然而，狡猾的老板看出了这位美国人对眼前三幅油画志在必得的心思，便一口咬死每幅画要 400 美元才卖。这位美国人对画廊老板无故抬价的行为深感不满，但又舍不得这三幅画。几经讨价还价，画廊老板却一步不让，这让这位美国人着实气愤。

然而，让这位美国人更气愤的事情发生了。正在他犹豫不决的时候，画廊老板居然抽出其中一幅油画，一把火把它给烧了！这位嗜画如命的美国人赶紧徒手灭火，却无济于事。他不禁对着画廊老板大喊："你疯了吗？这可是一件珍贵的艺术品啊！"

谁知冥顽不灵的画廊老板却轻描淡写地说："我只知道，卖不出去，再好的艺术品也会沦为废品。"

"我买嘛！您便宜一点，我把剩下的两幅都买走了。"美国人试图再次还价。

但这位顽固的画廊老板拒绝降价，更过分的是，他居然从剩下的两幅油画中又抽出一幅，毫不犹豫地将之付诸一炬。

眼看着自己视为珍宝的两幅油画被轻易地烧毁了，这位美国人终于按捺不住了："别烧了，我买，400美元。"

然而，得寸进尺的画廊老板却开出了1200美元的"天价"，气得这位美国人对着老板破口大骂："你欺人太甚，怎么能出尔反尔呢？"

画廊老板并不解释，直接拿出一根火柴，准备烧掉第三幅画。可怜的美国人目睹此景，连忙拦住老板，径直掏出1200美元，乖乖就擒。

这位狡猾的画廊老板固然可恨，但作为商人，却是一位了得的谈判高手。他巧妙地抓住了那位美国人嗜画如命、非买不可的软肋，从而反其道而行之，迫使他不得不高价买下油画。

还有一个和画有关的故事：

一位富翁请人为他画肖像，然而等到画家花费大量精力为他画好肖像后，富翁却突然反悔，并以画中人根本不是自己为由拒绝支付已定的报酬。

画家气愤之下心生一计，将这幅肖像挂在了展览厅最显眼的位置公开展览，并且在肖像下面题名为"贼"。

富翁得知后非常生气，极力要求画家将画撤下，还扬言要去法院状告画家侵犯了他的肖像权。

画家平静地拒绝了富翁的要求，并反问道："你不是说，那幅画上的人根本不是你吗？既然如此，这事和你有什么关系呢？"

听闻此言，富翁自知理亏，只能原价买下这幅画。

和前文中抬杠的画廊老板不同，这位画家显然是为了维护自己的正当权益，才不得不出此策略。但两位卖画者都巧妙地抓住了对方的软肋，进而迫使对方服从自己的谈判要求——这位画家知道富翁极好面子，当然不愿意看到自己的肖像以"贼"的名义出现在公众眼中。所以，他抓住了富翁的这一软肋，一招取胜。

可见，抓住对方的软肋，从而迫使对方就范是最巧妙也是最经济的谈判方式。

一家百货超市向一家电器销售公司采购电器，然而，就在双方谈妥价格准备签合同时，超市的采购负责人接到了经理的电话，被告知再压一下价。

这位采购负责人佯装遗憾地对电器公司的销售人员说："非常遗憾，我们经理临时决定不从贵公司订货了。另外有一家电器公司愿意以更低的折扣给我们这笔订单。只差5%的折扣，我认为没有太大必要。但很抱歉，这是领导的决定，我只能服从。"

超市采购人员胸有成竹地等待着对方的降价消息。果不其然，电器公司对于超市采购人员的"突然变卦"丝毫不怀疑，简单讨论后便在原先谈妥的价格上又降了5%。就这样，超市以极低的价格采购到了电器。

原来，这最后的砝码来自超市经理的神秘电话——超市经理在与电器公司的某位员工闲聊之中，意外地得知电器公司目前资金运转不畅，急于销售商品以维系资金的运转。超市经理抓住了电器公司资金周转不畅这一软肋，便气定神闲地将之作为进一步压价的砝码，最终大获全胜。

留好底牌，出奇制胜就靠它

谈判就像玩牌一样，掌握的筹码越多，获胜的机会也就越多。作为谈判中最有利的筹码——王牌，更是一道能起死回生的谈判神药。当你在谈判中深陷艰难、难以逆转的被动局面时，不妨使出你的撒手锏，亮出你的谈判王牌，杀对方一个措手不及。

李华在工作五年后，决定用自己多年攒下来的钱在工作的城市买一个房子。他跑遍了城市的多个地段，终于在单位附近选中了一个合适的户型。李华当即联系房主，双方谈妥价格后便签订了购房合同。同时，李华还向房主交了3万元的定金。

谁知，李华单位附近修建地铁，李华的"准房子"也在签订合同后因此飙升数十万。房主为了获得更多的利益，便单方面撕毁了和李华签订的购房合同。

李华找房主理论多次后，房主终于答应退还李华3万元的定金，但关于房子的买卖上，房主要求在原来的价格上再增加15万元才能继续交易。

房主的出尔反尔让李华非常生气，多次沟通无果后，李华决定向法院起诉，并委托律师给房主发出了律师函。

房主开始意识到事情的严重性，一旦法院接受这个案子，自己必将败诉无疑。于是，他主动找到了李华，表示房子的事可以再谈谈。但李华态度坚决，除非按照之前签订的购房合同继续履行双方义务，否则，誓不撤销诉讼。

在李华亮出法院这张王牌的第三天，房主在利益权衡下，终于同意和解，将房子按照合同中签订的价格卖给李华。

当谈判中面临不可调和的矛盾时，不妨使出自己的撒手锏，重新抢回谈判的主动权，迫使对方收回无理的要求。

一个种植葡萄的农民正和一个水果批发商谈判葡萄的售价问题。

水果批发商："您说的葡萄的价格太高了，可以再降低一些吗？"

农民："我的报价已经很低了。当然，如果您要得多，可以再给您一些优惠。您准备要多少呢？"

水果批发商："我准备先要一箱，然后看销量再决定是否继续购买。"

农民："先生，如果您只要一箱葡萄的话，我们很难集中送货，只能另外派车为您单独送货，这样就要增加额外的运费。"

水果批发商："那怎么办呢？我是诚心想买，可是，您也知道，水果这种东西不好存放，如果我一次批发太多但销量不好，我的风险就太大了。"

农民："先生，我们一箱水果的利润已经很少，还要再单独派车给您送货，如果再降价的话我就要亏本了。既然您诚心购买，那这样吧，您如果能自行提货的话，我可以在原来的价格基础上再给您降 10 元。"

水果批发商："才降 10 元？那价格还是很高。能不能……"

正当双方因为价格问题纠缠不休时，农民的手机响了。打电话过来的是当地的水果连锁超市，鉴于今年葡萄的稀缺，水果超市准备以高于市场价的价格预订首批葡萄。

听到这里，水果批发商着急了："这样吧，就按照刚才您说的，就在原先的价格下降 10 元，我要 20 箱。"

在水果批发商对水果数量和价格的态度 180 度大转弯之前，农民什么也没做，只是接了个电话，顺便亮出了自己背后的巨大靠山——水果连锁超市这张王牌，仅这一招，就堵住了水果批发商继续砍价的嘴巴，以合理的价格成交了这笔生意。可见，灵活有效地利用手里的"王牌"，能在关键时刻挽救谈判的局势。

当然，王牌威力巨大，但并不是随时随意使用王牌都能收获于己有利的谈判效果。只有让王牌在合适的时间出现在合适的场景，才能发挥最大的能量。如果滥用、乱用王牌，结果只能事倍功半。

作为最具谈判力量的一个筹码，王牌要用在关键的时候。如果稍有挫折就亮出王牌，未免有些"大材小用"。因为王牌的数量是有限的，这次用了，下次再有更危险的处境时，只能束手待毙。而且，谈判充满了变数，对方也在随时变更手里的牌，过早出示王牌，难免在谈判后期显得后劲不足。

王牌能力挽狂澜，帮我们掌握谈判的主动权，但如果因此而借王牌耀武扬威，甚至试图将对方赶尽杀绝，结果只能激怒对方，以致谈判崩溃或者两败俱伤。

恰到好处的沉默迎来转机

在谈判过程中，当双方都处在风口浪尖、一触即发时，不妨闭上嘴巴，让自己冷静下来，也趁机喘口气，重新审视一下谈判局面。有时候，装聋作哑胜于口若悬河。谈判高手从来都是熟谙"该出声时就出声"和"此时无声胜有声"的双重门道。

爱迪生不仅是发明大王，同时还是一个谈判高手。当爱迪生多次试验、历尽挫折终于成功发明发报机后，兴奋得不知该用什么来衡量这项惊世之举。爱迪生不知道这项发明值多少钱，便征求妻子的意见。爱迪生的妻子很精明，想以这台发报机为自己谋得足够的钱财，就建议爱迪生报价两万元。虽然爱迪生不知多少钱合适，但显然，他觉得两万元实在太高了，甚至高得令自己难以启齿。

面对络绎不绝前来购买发报机的商人，一谈到价格问题，爱迪生便以沉默来应对。爱迪生选择沉默当然不是要终止买卖，心里自然有自己的小算盘：既然自己也不知道卖多少钱合适，而妻子给的参考价又太高，那就等着对方来开价吧！

终于，美国一家公司在同爱迪生谈判时，面对爱迪生从头到尾闭口不谈价格的尴尬局面，多次询问无果后，按捺不住了。公司经理试探性地问道："这样吧，我开个价，十万元，您觉得这个价格，合适吗？"

这个价格对爱迪生而言，自然是意外的惊喜。

就这样，在这场谈判中，关于发报机的价格，爱迪生始终保持沉默，但最终却以大大高于爱迪生的预期价格谈成了这笔生意。可见，"沉默是金"着实不虚。当你在谈判中无计可施的时候，不妨以沉默来调整自己的思路，同时也可以给对方制造一种神秘感，变被动为主动。

著名保险销售员博恩·崔西曾说过："沉默是一种哲学。"善于口诛笔伐的鲁迅先生也发表过"沉默是最有力的回答"的高见。在以嘴巴为武器的谈判中，适时的沉默往往能给人制造一种紧张的气氛，无形之中给对方施加了压力。俗话说，祸从口出。一旦开口，难免从口中找出蛛丝马迹，而选择沉默，也即关闭了输出信息的通道，反倒让对方无以应对。

沉默并不是回避，相反，是另外一种谈判。当你对对手的某个方案或要求深感不满，但一时又找不到突破口时，不妨选择沉默，以沉默来表示你的不满，从而迫使对方终止自己的要求或提出新的方案。

沉默还是一种蓄势待发、重整旗鼓的谈判策略。在谈判桌上，双方都习惯于滔滔不绝地表达自己的意见，试图以先声夺人来占据先机，将自己的要求印在对方脑海中。然而，物极必反，在一连串的连珠炮中，人们往往只能记得其中的只言片语。但是，以短暂的沉默终止对方的"高论"，强迫对方停下来听自己说，是一种强调自己意见的策略。

沉默还是一种避实就虚的谈判技巧。当对方的提问令自己无从回答时，不妨选择沉默，以回避对自己不利的答复。同时，这种沉默的态度也让对方对你的真实想法无从知晓，从而迫使对方调整方向以便继续谈判。

常言道，言多必失。沉默一方面可以让自己减少祸从口出的概率，同时，将说话的时间留给对方，而自己选择沉默地倾听。这样可以很好地调动全身的注意力，并且能借此时机更好地观察对方的各种微表情和小动作，由此获取对方的更多信息，发掘更多的事实真相，也能更好地探索对方的真实动机和意图，从而为接下来的谈判找到更多的突破口。

当然，我们强调沉默是金专指适时、适度的沉默，而非谈判全程都一言不发。而且，沉默也得分场合，因地因时制宜。如果和对方关系比较熟，一味选择沉默则容易造成不尊重他人的误解；而当面对对方挑衅时，沉默则容易给人软弱可欺之感，反倒会助长对方的气焰；当谈判处于紧张激烈的决定性时刻时，沉默则意味着自行放弃了发言权，难免让自己陷于谈判劣势；长时间、多次的沉默则会令谈判陷入一场死局，最终不欢而散。

可见，沉默是金还是土，得视具体情况、场合而定。当谈判陷入尴尬或火药味十足的时候，适时沉默可以巧妙地调整谈判氛围；当谈判气氛愉悦或决战时，一味沉默却会适得其反。所谓的谈判艺术，便在这张口、闭口之间。

陷入僵局时记得喊暂停

正如距离产生美一样，当谈判遇上气氛不佳的时候，不妨停下来，让双方保持一点儿距离，各自调整，冷静一番，从而保证谈判能够继续顺利进行。

人都是带有情绪的个体，尽管谈判是一场利益之战，但在唇枪舌剑中，难免因为某一方的失言或冲动，不小心将和平、理性的谈判变成一场感情上的较劲。或者因为彼此的利益协调不均而陷入争吵。这时候，如何抚平谈判双方的情绪，将谈判的焦点从情绪战重新回到谈判的正轨上来，便成了一个关键之举。学会适时中止谈判，以理性的暂停浇灭即将燃烧的情绪之火，以暂时的调整替代冲动的大发雷霆，是一个优秀的谈判者必须具备的能力。适时适度按下暂停键，让双方调整情绪，重新梳理谈判思路，指不定能收获意想不到的惊喜。

1985 年，时任江苏仪征化纤工业公司总经理的任传俊，在与联邦德国吉玛公司总经理里昂·奈德就中方从德方引进的圆盘反应器有质量问题而进行索赔谈判中代表中方出场。里昂谈判的焦点在于索赔额上，究竟索赔多少合适？中方提出的索赔数是一千万马克，而德方只愿意赔偿三百万马克，双方的索赔额相去甚远，因此谈判进行了很多天，依旧毫无进展。

谈判陷入了令人尴尬的僵局，几乎到了崩溃的边缘。

正当双方对马拉松式的谈判深感厌烦、情绪几近发作的时候，任传俊突然建议暂停谈判，休会一天，并热情邀请对方的谈判负责人里昂·奈德到扬州游赏。被冗长的谈判弄得精神疲惫的里昂·奈德对此安排自然是万分欣喜和感激。

在风景醉人的扬州大明寺，任传俊突然问里昂·奈德："您知道为什么日本人在华投资比较容易吗？"

里昂·奈德自然不解其意。于是，任传俊意味深长地给里昂·奈德讲了一个故事：在唐朝，有位叫鉴真的高僧，为了信仰，六渡日本，虽然双目失明，仍然不放弃，最终到达了理想境界。为了纪念这位高僧，才建造了大明寺。鉴真高僧的德行赢得了中日两国人民的尊重，直至现在，日本人都将重情重义视为中国人的普遍特质。正是日本人对中国人的这种心理了如指掌，所以他们在华投资进展都很顺利。

看见里昂·奈德若有所思地点着头，任传俊趁热打铁："我俩也是交往多年的朋友。撇开这次谈判，我们之间的个人感情也算深厚吧？"

里昂·奈德连忙点头称是，随即陷入了沉思。

从扬州游赏回来，双方重新坐回谈判桌。游玩一天不仅使双方情绪都有放松，还使休息了一天的大脑有了新的思路。总之，谈判进展十分顺利。

任传俊平静地指出："这次谈判所围绕的问题是由贵公司的失误造成的，因此索赔也是名正言顺。如果为此花费太多时间或伤了和气实在是得不偿失。至于索赔的数额问题，要知道，江苏仪征化纤工程是当今全世界最大的化纤工程，贵公司正是因为在世界上最大的化纤基地中标，才创造了连续在全世界 15 次中标的奇迹。所以，我们应该将眼光放得更长远一些，迅速解决这次索赔问题，共同期待今后更大的合作。"

里昂·奈德听罢，一时语塞。

任传俊又诚恳地说道："我们中国人有句古话，叫'友谊第一，比赛第二'。我们是很重视和贵公司的友谊的，不想因为这事影响大家多年的交情。至于赔偿，也请你们谅解我们的立场，我们总得对众位建设者有个合理的交代。当然，我们也不能因此让你们为难。所以，既然是朋友，我们就打开天窗说亮话，你们究竟愿意赔偿多少？"

想起任传俊在休会那天讲的关于大明寺的故事，还有日本人在华投资的优势，里昂·奈德对于赔款数额终于有所动摇。

最后，德方同意赔偿八百万马克。

谈判中难免因双方各执己见、互不相让而陷入横眉冷对、怒火冲天的尴尬局面。这时，如若继续坚持谈判，难免让双方情绪走向崩溃，将谈判推向毫无回旋的绝境，而适时中止谈判，不仅可以让双方松弛一下绷紧的神经，同时也可以重整旗鼓，为接下来的谈判找出更好的解决思路。

第七章

如何演讲，
才能真正打动人心

精心准备你的标题和数据

人的大脑不喜欢超负荷工作，对于复杂的东西，它会产生本能的排斥。因此，在演讲中，与其将幻灯片填满，不如用短标题来吸引听众的眼球，加深听众的印象。

大多数演讲者喜欢长篇大论，他们不断地往幻灯片上塞东西，恨不得把每一厘米空间都填满。然而，这样做不仅不能加强演讲的效果，反而会分散听众的注意力。反观乔布斯的演讲，内容简洁得令人惊讶，他习惯使用短标题，而且绝不包含任何项目符号。

在介绍每一款产品之前，乔布斯都会提炼出一句最能反映产品特性的短标题，然后在演讲中反复地强调。例如，在介绍 iPod 时，他使用的短标题是"把 1000 首歌装进你的口袋"；在介绍 MacBook Air 时，他使用的短标题是"世界上最薄的笔记本电脑"。这些短标题不但简单、具体，令人过目不忘，还回答了观众最为关心的问题——这和我有什么关系。

在 iPhone 的发布会上，乔布斯一开场就隆重宣布："今天，苹果公司重塑了手机。"在那次载入史册的演讲中，他一共说了五次"重塑了手机"。当介绍完 iPhone 的特性后，他再次向观众强调："我想，当你有机会手握 iPhone 时，你会认同我的观点——我们重塑了手机。"

使用短标题的最大好处是，它可以在屏幕上长时间地占据一个位置，即便听众有片刻的走神，也依然能够紧扣主题，知道你演讲的主要内容是什么。而且因为标题简短有力，所以在演讲中，你可以让这些标题反复出现，起到强化、加固印象的作用。

另外，如果在使用短标题的同时，还能添加一些图片，那效果会更佳。研究发现，用口头方式传递的信息，人们只能记住 10% 的内容，而用图片来传递的话，人们能记住 65%。这在心理学上称为图片优势效应。因此，在演讲中不要忘记多展示一些图片。

在演讲中，如果需要展示数据时，千万记得要精心修饰你的数据，让它们看起来更具体。最重要的是，要将它们同观众熟悉的事物联系起来，让他们产生共鸣。

无论你从事什么行业，都有一些数据要发布。很多人都没想过把数据弄得有趣点儿，他们只是把数字简单地扔给听众。然而，人们并不关心你的产品，他们只关心自己。如果你在给出数字的同时，不能说出它和人们的关系，那么，再亮丽的数字也无济于事。

2001 年 10 月 23 日，苹果公司推出了 iPod 音乐播放器，虽然它后来风靡全球，并引领了数字音乐产业的变革，但在当时，399 美元的价格还是让很多人选择观望。那么，如何说服人们相信，这是一款改变他们生活的革命性产品呢？乔布斯开始修饰他的数字。

在新产品发布会上，乔布斯将 5G 这个枯燥的数据，与人们的生活联系在一起。他解释说，5G 的容量足够存储 1000 首歌曲。这对于平时已经习惯在 MP3 里放上几十首歌的音乐迷来说，杀伤力实在是太大了，那意味着，他们可以把自己喜欢的歌曲全都收录其中。

不过，光有容量大这个噱头还不够，人们最关心的还是便携性，因此，乔布斯向观众保证说，好戏还在后头。果不其然，他紧接着宣布，iPod 只有 0.19 千克，非常轻巧。

很多演讲者可能就此打住了，可乔布斯不会，他还会告诉大家，具体轻巧到什么程度。为此，他会制造现场体验。他告诉观众，iPod 的体形是如此娇小，以至于它能够"放进你的口袋里"，说着，他像变戏法一样，从自己的口袋里掏出一部 iPod。

现场观众顿时沸腾了，他们欢呼着，吹着口哨，把 1000 首歌装进口袋里，这是多么令人激动的一件事。乔布斯让枯燥的数字变成了一组动听的旋律，直击人们的内心深处。

乔布斯的案例告诉我们，在演讲中，如果需要展示数据时，千万记得要精心修饰你的数据，让它们看起来更具体、更切题。最重要的是，要将它们同观众熟悉的事物联系起来，让他们产生共鸣。只有这样，枯燥的数据才会变得更加生动、有趣，也更有说服力。

开场白决定演讲效果

一个好的开场白就像一杯香浓的咖啡，其浓郁的香味会瞬间吸引听众。相反，如果演说的开场白平淡无奇，那么，十有八九，听众对接下来的演说也就没有继续听下去的兴趣了。

演说界有一个熟知的定律，即"凤头豹尾"，其中"凤头"就是说，一个成功的演说要有着像凤凰的头一样美丽精彩的开场，这样才能一下子吸引住听众的注意力，使听众有继续听下去的兴趣。

世界著名演说大师博恩·崔西曾就开场白的重要性做过这样一个形象的比喻："人与人之间的沟通往往会产生一个第一印象，也就是说，一个人的开场白进行得好，可以给人留下深刻印象，但如果一个人的开场白进行得不顺利，则可能让人们失去对他的兴趣。这就好比初次见面的异性之间产生爱慕一样，如果在前3分钟里，双方都没有什么感觉的话，两个人成为恋人的概率就会非常低。同样的道理，演说者在开场白的前3分钟内如果不能使自己的演说打动人心，后续的演说也会变得很艰难，即使勉强进行下去，也会让人觉得乏味。"

如果演说者不能在开头的几句话里引起听众的注意和兴趣，那么观众对他的印象就会大打折扣。博恩·崔西之所以这样说，是因为从心理学的角度来说，开场白也存在一定的"保鲜期"，而这个"保鲜期"的关键时间就是3分钟。

博恩·崔西对保鲜期是这样解释的："每个人的心理大门都会暂时开放，但是持续的时间不会很长。如果有人能利用这段心理大门打开的时间进入别人的内心，不仅可以打动别人，还会让自己在这个人心里留下深刻印象；但如果在有限的时间里没有进入别人的内心，那么他后续的工作可能就需要付出更多。"

1986年10月，英国女王伊丽莎白二世到访中国，在为她举行的国宴上，她在开场致祝酒词，开头是这样说的："约390年前，我的祖先，伊丽莎白一世女王，曾写信给万历皇帝，希望发展英中通商。由于使者遭遇到不幸，这封信始终没有送到。幸而，自从1602年以来，邮政改进了。您请我们来的邀请，安全地收到了，我极其荣幸地接受这个邀请。"

俗语说：良好的开头等于成功的一半。用这句话来说明演说开头的重要性是再合适不过了。演说界曾有人指出：如果一场演说中没有一个好的开头，那么，演说者想在整个演说过程中始终做到轻松、巧妙地与听众进行思想交流是颇为困难的。

有演说经验和演说学识的演说家，通常都比较重视演说开头的设计。理由很简单：演说的开头是演说者向听众出示的第一个、最重要的信号，能否很快地抓住听众的注意力，引发他们继续听下去的兴趣和积极性就取决于这最初发出的信息。

开场白在演说中有着极为重要的特殊地位，它会在演说者与听众之间架起一座感情沟通的桥梁，为接下来的演说铺平道路。好的开场白还会为整场演说定下一个良好的基调——或庄重肃穆，或喜庆欢乐，或诙谐幽默，当整场的基调定下来之后，演说者就可以跟着这个基调进行演说了。

演说的开场白应遵循短小精巧、新颖诱人的原则，它的第一要素就是要有切入点。演说的开场白中，演说者一定要首先明确地提出自己要说的内容是什么，抛出一个诱饵，吸引听众的注意力和兴趣点。当然这只是其中一种情况，也有人会问："我性格内向，不善言辞，在众人面前不好意思张嘴怎么办？"那你可以试着从自己喜欢的人和事情谈起，或者借助名人说过的话，还可以说几句自己感受深刻的话，来开启自己的开场白。

在演说开始的时候，也就是开场白阶段，有些人会感到紧张无措，不知道怎样开口说话，此时，演说者就可以进行自我暗示：我可以，我能够克服自己紧张的情绪，虽然我不善辞令，但是我一定可以将我想说的话，一字一句都准确无误地说出来，我一定可以成功！

语言大师维斯瓦娃·辛波丝卡，第一次在华沙大学万人大礼堂进行演说时，面对台下上万双注视着自己的眼睛，她不由得紧张起来，双手冰凉，脑子一片空白，口中一个音节都发不出来。好在她身旁的华沙大学的校长感觉到她的紧张情绪，赶忙说她身体不适，演说的时间另行通知。有了校长的圆场，维斯瓦娃·辛波丝卡才得以摆脱当众出丑的窘境。

这件事对维斯瓦娃·辛波丝卡的触动很大，演说之后，她认真思考了自己演说时紧张、无法开口的原因。维斯瓦娃·辛波丝卡认为自己之所以会如此，主要是因为在演说开始的时候，她没有找到话题的切入口，就是说她没弄明白所要说的内容是什么。

想明白这些后，第二天，她再次站到演讲台上进行演说时，虽然还是有些紧张，但她不断暗示自己：演说的目的就是对人们进行诗文指导。明确了开场白该说的内容，她从容地面对台下的听众，微笑着说道："我是《存活的理由》这本诗集的作者，我叫维斯瓦娃·辛波丝卡。对于昨天发生的意外，我深表遗憾，所以我要用今天的演说来弥补那个意外，希望我对这本诗集的见解能给大家带来一定的帮助，很荣幸能有机会和大家分享诗歌方面的知识。"她刚说完，余音还在，台下就响起了热烈的掌声。

显然，维斯瓦娃·辛波丝卡的开场白成功地吸引住了听众的注意力，让听众有了听下去的欲望。维斯瓦娃·辛波丝卡总结失败的教训，厘清思路，明确自己要演说的主题，找到了演说的切入点后并不断暗示、鼓励自己，最终为自己的演说找到了一个好的开场白。

演说是一个循序渐进、由浅入深的过程，因此，演说者的开场白一定不能太深奥、难懂，否则就会让听众感到如坠云雾，不知演说者想要表达什么，也就没有继续听下去的欲望。

演说的开场白一定要有条有理，杜绝毫无逻辑的开场白，东一榔头西一棒子地乱扯，只能引起听众的反感。开场白一定不可重复拖沓，开场白就像宴席前的开胃菜，太冗长了，反而让人觉得啰唆。

卡壳不用急，想想你的"关键词"

在演讲过程中，演讲者偶尔会出现突然的"断电"和"卡壳"，不知道如何继续演讲或者思路突然中断。在这种情况下，如果不能及时、有效地继续演讲，就可能使自己陷入窘境，并由此导致整个演讲的失败。

造成"断电"和"卡壳"的原因比较复杂，例如演讲者自身的知识储备、心理素质和表达能力有限等，若能够熟练掌握和灵活运用一些临场的应急处置技巧，那么演讲者就不会那么恐惧和紧张了。

在众多的技巧中，关键词提醒法是演讲高手最为推崇的方法之一。所谓关键词提醒法，就是将整个演讲内容提炼为几个关键词，演讲时再由这几个词衍生出内容，从而保证演讲能够准确和流畅。

陈秀作为嘉宾被邀请去参加一个培训师联盟组织的高端会议。主办方发表了热情而洋溢的演讲后，希望在场的每一位嘉宾都能够给培训师联盟提一些建议。

陈秀知道自己要在众人面前发言，所以早有准备。在发言时，他采用了关键词提醒法，简单直接地说出了自己想要说的话，并且以其出色的口才赢得了在场每一位听众的好评。

他将演讲的内容概括为四个关键词，分别是奉献、学习、成长和发展。

首先，第一个词是奉献。他在开篇说："愿意加入该平台的人是懂得奉献、愿意奉献和乐于奉献的人，如果大家来这个平台是索取，这个平台注定是会失败的……"

第二个关键词是学习。他接着说："因为你奉献了，大家奉献了，所以才会互通有无，这样每个人才会在沟通和交流中学到知识……"

第三个关键词是成长。他继续说："我觉得，在这里光学知识是不够的，大家来这里的目的是成长，只有在经验和技术上获得成长，最终才能被市场所接受……"

最后，他用"主办方是否有足够的资源促进我们成长"这样的问题引出了他的第四个关键词——发展。"我想大家聚到这里就是为了发展，我们要尽最大的努力把这个平台做大、做强。发展需要一个目标，只有把目标确定下来了，我们才能实现飞跃式发展。"

这篇演讲的思路非常清晰，四个关键词非常简练，它们之间严密的逻辑关系让演讲者非常轻松地记住了想要演讲的内容。这就是关键词提醒法的作用。

以下范例是一个非常成功的演讲的部分内容，供读者参考。

在座的各位人保局的领导、各培训机构的领导：

大家上午好！

首先要感谢市人保局组织的这次研讨会，为我们各培训机构创造了一个学习和交流的机会。我也非常高兴能有这个机会，和各位经验丰富的专家、领导交流办学经验和心得。

这是我第一次参加全市范围的培训机构研讨会，为了方便大家记住我，我先介绍一下我自己。我叫张蕾，张爱玲的张，徐静蕾的蕾。她们一位是文化界的名人，一位是文艺界的名人，我想我们做教育、做培训与她们的共同之处就是通过一个舞台去影响更多的人。说到这个舞台，我就得介绍一下我们培训学校……

今天来到这里主要是抱着一个学习的心态，向各位前辈取经来了，下面就结合我们的创业经历谈一点我个人不成熟的想法……

"好、感、高、名、人、希"这六个字完全可以总结全篇演讲内容："好"就是提示演讲开篇要问好；"感"是感谢主办方的邀请；"高"是高兴，提示演讲者需要向听众传达自己受到邀请的高兴心情，一般用谦虚的语气加上"荣幸""有幸"等词语表达；"名"是提醒演讲者做自我介绍，向听众介绍自己的名字，可有适当地发挥；"人"就是告诉听众你来自哪里；"希"是提出希望，也是最后的结束语。这样，用六个字串联起整篇内容，既可以使演讲者不会因为紧张或突发事件出现"断电"的情况，还可以为演讲者留出一定的发挥空间。

每一次演讲都有其独特的内容，演讲者要依据具体的情况总结关键词，这样才能在出现断电、卡壳等情况时，及时根据关键词联想出后面的内容，保证演讲能够顺利进行。

好演讲要有好故事

当演说者只会用空洞无趣或者喊口号式的语言来进行演说时，相信绝大多数人都不会仔细听演讲者在说什么。但是假如演说者在演中加入一些引人入胜的故事或自己曾经的亲身经历，让整个演说的内容变得更加丰满，感情更加丰富，那听众自然就会认真倾听演说者的话语，跟上演说者的思路，直到深深地沉浸在演说者所营造的情境中。

哈佛大学教授霍华德·加德纳说过这样一句话："讲故事是最简单的、最有凝聚力的工具。"如果演说者在开场白能用一个故事来阐述自己的观点，这再好不过了。

在一个如何将小孩培养为社会精英的演说中，演说者在开场白中讲了这样一个故事：有一个四年级的小学生，父母每天都会在他的书包里放一个剥了蛋壳的鸡蛋，让他在学校里吃。有一天，父母太忙了，忘记了给鸡蛋剥壳。孩子在学校饿了，对着圆溜溜的鸡蛋左瞅右看，却不知道从何处下手，只好把鸡蛋又带回了家。妈妈问他为什么不吃鸡蛋，他回答说："没剥壳，我怎么吃？"

演说者继续说："我想告诉各位，未来是一个属于精英的社会，让我们的孩子成长为社会中的精英，才能使这个国家变得更加强大。而一个孩子若是连自理的能力都没有，即使他读再多的书，学再多的知识，又有什么用呢？因此，无论是社会还是家长都应该重视培养孩子独立的生活能力和战胜困难的勇气。这也是孩子将来能够成为社会精英应该接受的考验和锻炼。"

简单的故事却反映出非常典型的社会现状：父母对孩子过分溺爱、娇惯，只能令孩子丧失独立生活的能力及战胜困难的勇气，从另一个方面来说，父母也在一定程度上剥夺了孩子未来能成为社会精英的权利。这个故事也启发了很多家长：一个连独立做事的机会都没有的孩子，一个缺乏独立生活能力的孩子，如何能成为未来社会中的精英呢？

当然，要讲好一个故事并不容易，但是如果演说者能够掌握下面这些技巧，那么，演说者在开场白中讲一个能够吸引人的故事就不会太难了。

1.要保证故事的完整性、简洁性

虽然是开场白，但是故事必须是完整的。故事的主人公、起因、经过、结果一样都不能少。开场白中的故事必须完整、明朗，只有这样才更具说服力和吸引力，否则就会给听众一种指向不清、意图不明的感觉，会让听众感到困惑。而开场白阶段的时间是非常紧迫的，没有时间让演说者长篇大论、喋喋不休，所以在开场白中讲故事，必须简洁明了，不应篇幅过长。

2.讲故事就要用故事性的语言

演说者在讲故事时，千万不要让听众觉得你是在背书，或是在做学术报告。演说者应当注意多使用描述性的语言，少用逻辑性语言；多用通俗易懂的口语，少用晦涩难懂的专业术语。

日本现代思想家野家启一说："故事是一种能使经验语言化，并使之得以传承的装置。"

但是，演说者在开场白也不能乱讲故事，故事的内容必须与此次演说的主题保持一致，如果故事讲得跑题了，即使讲得再精彩，也不能为演讲增彩添色。

来点幽默，"笑果"才好

作家普里兹文说："生活中没有哲学还可以应付过去，但是没有幽默则只有愚蠢的人才能生存。"幽默精神是我们生活中最不可缺少的元素。

幽默的言语能够拉近人与人之间的距离，富有幽默感的人往往受到人们的喜爱，因为他能使紧张的气氛变得轻松，使尴尬的场面变得愉悦，使寻常的生活变得有趣，使那些不苟言笑的人哈哈大笑，使那些心情低落的人忘却自己的烦恼，重新获得快乐。

幽默是演说中拉近距离、调节气氛的一大利器。一位成功的演说大师绝对是一个懂得巧妙运用幽默这一利器的人。演说中的幽默可以使听众心情愉悦，可以活跃氛围，可以为演说增彩添色，并收到绝佳的演说效果。

幽默理论家赫伯·特鲁说："一个演说家站在舞台上，如果知道笑是一剂良方，但自己却不打开瓶盖服用，那几乎就可以断言他会成为一个失败者。"在幽默这方面，有许多名人大师都做到了极致，他们的幽默表达方式都有共同的特点，那就是不刻意、不做作，信手拈来，水到渠成。

李教可以称得上是个很牛的狂人，听过他讲课或演说的人都被他幽默的语言表达方式所折服，他往往能把抽象难懂的问题具体生动化。

有一次，李教在某大学讲演时，对于学生提出的各种问题，都做了坦率的回答，大家为他精彩的讲解报以阵阵热烈的掌声。这时，一位女学生当面问道："人们都知道文学要真实地反映社会生活，那为什么很多文学家总唱赞歌，不唱悲歌呢？难道社会真的没有阴暗面吗？"

李教听了后，便问那位女生："你喜欢拍照吗？"女生点头。于是，李教追问道："你脸上有光滑漂亮的时候，也有长痘痘不干净的时候，你为什么不在脸上长痘痘的时候去拍照呢？"说完，李教微微一笑，接着说，"所以，这就是我不唱悲歌的原因。"此话一出，引得在座的各位学生都哈哈大笑，女生也报以敬佩的微笑。

幽默是智慧的重要表现形式之一，懂得幽默的人一般阅历丰富，具有审时度势的能力。一句幽默的话语可以增强人与人之间的亲密度，消除尴尬，活跃气氛，使谈话更具魅力。

幽默在演说中起着四两拨千斤的作用，一两句幽默的话，能够在瞬间激发听众内心欢快的因子，起到烘托气氛、愉悦身心的神奇效应。

很多演说大师都带有幽默细胞，不论是马云、王健林，还是林肯、马克·吐温，他们都是善于运用幽默的高手，他们的幽默语言是他们人生智慧的升华，蕴含着丰厚的人生哲理，当听众听他们演说的时候，会因他们的幽默而感觉到轻松和愉快，即便是讲人生或者生死这样沉重话题的时候，听众也能在轻松愉快的氛围中去聆听和接受。

尽管幽默具有如此奇妙的效果，但是在运用幽默的时候也要掌握一定的方法，要遵循适时、适当的原则：

1.给苦的内容增加甜的因子

在一些忆苦思甜的演说中，幽默可以发挥它神奇的效果，它在唤起人们泪水的同时，也能引导大家向积极的方向思考，引起人们继续听下去的兴致。"忆苦思甜"的重点在于"思甜"，演说者一定要在演说中添加幽默，否则就会与主题不相符。但是，由于这类演说严肃、庄重，所以不宜过多地添加幽默，否则有可能破坏其固有的庄重氛围。

十年动乱时期，一位不识字的老贫农给大家做忆苦思甜报告。当他说到那一年全家挨饿时，说"我们全家老小都胖了"，听众很奇怪，但他马上接着说："眼珠子胖了！"大家都忍不住笑出声来。当他说到现在的生活变好了，他又说："现在好了，我每天是猪八戒吃糟糠——酒足饭饱，晚上还能去钻《地道战》看《白毛女》。"

这位老人说话幽默风趣，将一场本来"苦哈哈"的经历说得轻松搞笑，让大家在苦中感受到"甜"的可贵，如此，"忆苦"的气氛被冲淡了，而"思甜"的气氛变得浓厚了。

2.巧借古人"插科打诨"

高明的演说者通常善于用古人来开玩笑，把古人的事，利用时髦的现代词汇解释出来，在一定程度上可以起到幽默的效果。

有一个人在谈到消费的时代性时是这样说的："大家都知道，慈禧太后虽然过着锦衣玉食的生活，但是她可吸不到万宝路，也没有雀巢咖啡喝，更看不到美国大片。"

有一个人在讲到文凭、职称的问题时，也拉出了孔夫子来说笑，他说："孔夫子一没文凭，二没职称，但他却在杏坛办了学习班，培养了不少哲学、伦理学、教育学的高才生。"

前一个人借用慈禧太后的生活方式形象地讲出了消费方式的日新月异；后一个人又巧借孔子，指出了当代一些人对文凭、职称的过度重视，以及文凭、职称与能力不对称的现实问题。这两句话都含有幽默的色彩。

3.穿插幽默故事

在演说中，演说者可以不时地穿插一些自己或他人的幽默故事，这是高明的演说者都会采用的方法。著名作家吉卜林在一次为英国的某个政治团体发表演说时，就运用了穿插幽默故事的方式：

主席，各位女士先生们，我年轻时，曾在印度当记者，专门替一家报社报道犯罪新闻。这是一项很有趣的工作，因为它使我认识了一些骗子、拐骗公款者、谋杀犯以及一些极有进取精神的正人君子。

有时候，我在报道了他们被审的经过后，会去监狱看看这些正在服刑的老朋友。我记得，有一个人因为谋杀而被判无期徒刑。他是一位聪明、说话温和、有条理的家伙，他把他自称为他的"生活的教训"告诉我。

他说，以他本人做例子，一个人一旦做了不诚实的事，就难以自拔，不诚实的事会一件接一件地做下去。直到最后，他会发现，他必须把某人除掉，才能使自己恢复正直。目前的内阁正是这种情况。

吉卜林的演说中，没有直接就内阁中的问题发表自己的见解，而是围绕政治话题，讲了一个故事，这个故事近乎怪诞，却不乏幽默。吉卜林在幽默的故事中既宣扬了自己的观点，也发表了对内阁的看法，让人发笑，让人深思。

4. 故作呆板的说法

故作呆板的演说模式，可以称为"冷幽默"。

在一个博物馆里，一个讲解员这样给游客们讲解："女士们、先生们，请仔细观看这块 1500011 年前的恐龙化石！"

游客们很奇怪，问讲解员："对于恐龙化石的年份，据说连科学家们还没有给出如此精确的数字，可您连 11 年的零头都能记得，您怎么知道得这么确切呢？"

"因为我是在 11 年前受聘到这里当解说员的。当时馆长告诉我，这是 150 万年前的恐龙化石。"他刚说完，游客们都笑起来。

其实，150 万年只是个概数，而讲解员却将这个数字加上了自己曾经工作过的 11 年，从而成了一个确数。这样的说法，看似是个失误，却是讲解员故作呆板的幽默方式，让人觉得耳目一新。

5. 巧妙转变话题

改变话题或者改变讲话的方式，也能营造幽默的演说氛围。

有一个演说家在说到人生的问题时这样说："先生们，不论人生多么艰难与痛苦，我们总是可以在一个地方找到'慰藉'，那就是在词典里。"

不过，有些时候演说者所用的幽默也会失败，有一位演说大师就这样为自己解围："这个幽默的奥妙之处，得要出动联邦调查局来发现。"

演说者在具体的演说活动中该怎么说，还要根据具体的情境来进行，总之，适时运用幽默，会令你的演说效果非同凡响。

给演讲画一个完美的句号

演讲，结尾和开头、中间一样非常重要。当听众听完你的演讲后，如果没有收获，没有回味，那么你的演讲就算不上成功。而在你下台之后，能够萦绕在听众耳边，带给人长久记忆的话语总是最后几句。也就是说，一次成功的演讲，得有一个让听众回味无穷的结尾。那种虎头蛇尾的讲话，只会使听众大失所望，从而降低整个演说的水准和功效。

结束语是演讲中的重要组成部分，精巧的结束语可以让演说得到意想不到的效果。一般情况下，演讲的结尾要在言不必尽或达到高潮时戛然而止，这样的结尾能带给听众余音绕梁、回味无穷的感觉，同时也能达到与听众感情上的交融，引起共鸣。

对于演讲的结尾，美国《星期六晚报》的主编罗粹慕先生说过："我把文章刊登在最受欢迎的地方，就结束了。而在演说上，当听众达到最愉快的顶点时，你就应该设法早些结束了！"他形容的这种结尾特点就是回味无穷。其实不论采用哪种方式、方法结尾，都要使结尾干净利落、戛然而止。也就是说，令人回味无穷的结尾要遵循的一个原则是：全部思想内容已经表达清楚后，就一定要及时、利索地收场。

一般情况下，演讲的开头要求能打动人心，而结尾的话却要求能震撼听众的心，给听众思考和回味的余韵。下面是几种常用的也是被人们认为不错的结尾方式：

1. 激情性结尾

这种结尾方式可以让领导者的演讲具有很强的鼓动力，特别是一些动员性的讲话，能激励、振奋人心。就好比看一场足球赛，中场进一球与临终进一球，其效果和球迷的情绪是大不一样的。

2. 鼓动性结尾

这种结尾要求领导者在演讲到高潮时结束。就演讲的内容而言，其实不能算是结尾，但领导者为了达到一种戏剧化的效果，很巧妙地把讲话结束在高潮中。也就是说，在听众迫切希望你能继续说下去的时候，突然结束讲话。比如："生命可能腐朽，也可能燃烧，我们不愿腐朽，让我们燃烧起来，燃烧起来吧！"这种激励性的结尾，能给听众带来强烈的感染力。

3. 意外性的结尾

这种结尾能让短暂的讲话收到良好的效果。如果你的演讲结尾都能做到既让人吃惊，又使人联想，那么你的演说离成功就不远了。但要提醒的是，隐喻既不能太含蓄，也不能太离奇古怪，让人无法想象。

4. 格言和引语性的结尾

用格言和引语结尾，虽然不是特殊的结束语，但因为充满真情，不但会得到听众的喝彩，而且还能给人留下深刻的印象。比如："世上无难事，只要肯登攀""人生自古谁无死，留取丹心照汗青"。要想使用这样的词句结尾，需要你在构思讲话内容时挑选许多充满智慧的词句，然后记录下来，以便在结束语中选择。

5. 号召式结尾

领导者在前面的讲话中做了充分的铺垫之后，以充满激情的语言，激发听众行动的欲望，促其行动。

现实曾是过去的希望，现实的希望则在于未来。现实是连接过去和未来的桥梁。还是让我们从现实做起吧，用知识来充实我们的头脑，让高尚的理想为我们插上奋飞的翅膀。时代的火炬已点燃了我们青春的烈火，让我们喷发出所有的光和热吧！

这是左英《生命之树常青》演讲的结尾。这个结尾富有哲理，有战斗激情，有很强的号召力，既能使人受到鼓舞，又能让人明白应该怎样去做。

6. 赞颂式结尾

用这种方式结尾，需要领导者真情流露，语句真诚，否则会有虚伪、溜须拍马、夸大其词之嫌，让听众难以接受。

7. 总结式结尾

即使是只有5分钟的演讲，领导者也要用几句总结性的话语把讲话重点囊括进去。不仅要点出主题，而且还要升华主题。

8. 比较式结尾

比较式结尾极具说服力。领导者可用摆事实、讲道理、作对比的方式来求证你所推崇的说法，要力求让听众看清两种不同的结果，从而唤起听众强烈的爱憎之情，最后以坚定信心来响应、拥护你提议的那个主题。

9. 提问式结尾

即领导者在论述完自己的观点、问题之后，扣住这个问题来联系实际，联系下一步的做法，或者为了把问题深入一步而对听众提问，在听众的思考中结束讲话。这是一种极具创新式的结尾。

10. 幽默式结尾

寓意深刻的反语和富有喜剧性的诙谐手法的运用，会让讲话的结尾别出心裁、妙趣横生，营造现场活跃轻松的气氛，令人在笑声中深思。

演讲前如何分析观众

一般来讲，不管你所面对的观众是谁，在你开口之前，他们都会对你做出及时的评判。他们会观看、倾听，然后做出分析。他们看到你的前十五秒钟是相当重要的。因此，任何一种公共演说，都应该像演员对待自己所扮演的角色一样。它是一种公共表演行为，具有一种内在表演因素。

不管你是在做一次短时的讲话，还是在宴会后的一种重要演说，都是如此。当你演说的时候，你置身于一种被人评判的角度，你受到的赞许和批评与你所演说的内容一样多。因此，当你在场外的时候，应该做好充分的准备。你需要确切地了解你所面对的观众。他们是高度的统一，还是由形形色色的人员所组成？他们是否对你态度不一、精神不一、期望不一？他们是否对你有所了解？他们期望什么？他们为什么坐着听你讲话？一个令你最高兴的好消息是，绝大多数听众是宽厚仁慈的。

大多数听众至少在演讲开始时表现得友好而仁慈。但如果你表现不当，甚至对他们缺乏尊重，他们可不会轻易对你表现得那么客气。下面五点是你面对观众的基本规则：

（1）如果你无法应付，不要试图尝试。

（2）沉着冷静，绝不能大发脾气。

（3）尽力获得大多数听众的支持。

（4）不要让演讲变成一种骂人的比赛。

（5）过后主动与诘难者交谈。

当你清楚了自己所要面对的观众时，下一步就是要熟悉自己所表演的角色。出于一些实际的原因，你可能不会时时做到这一点，在演讲之前，你对自己将要面临的环境和条件越熟悉越好。你可以试试音响设备、麦克风，以保证讲话中不会出现某些音响方面的故障，从而影响你的整个讲话效果。你的声音也应该与所配备的音响协调一致。即使是最有经验的演讲者，也要进行这种检查。

还有一些演讲者由于事先缺乏准备而外表不当，这种情况如果面对的是一般同事，问题还不大，但当你处在一个生疏的环境，面对一些不大愿意忍受的听众时，这就是一个严重的问题了。

下面是你开口演说之前应当考虑的一些事情：

（1）演讲所处的空间有多大？这一点与你和观众的亲密关系、你传递信息的速度、容量等有关。空间越大，你说话的速度就越慢。

（2）听众离你多远？前排是空着，还是有人就坐在你的眼下？

（3）讲话的麦克风怎么样？是否需要调试？是否会在你讲话时嗡嗡作响？

（4）是否要有一个讲台？讲台的高度如何？你是否会躲在讲台之后？

（5）是否有人倒水？如果没有，自己可以准备一点儿，即使是最有经验的演说者中途也会感到口渴。

（6）听众的情况如何？他们是生动活泼，还是正经严肃？他们是否会获取你的信息？是否会被你说服？是否会被你逗乐？他们的年龄和性别如何？

（7）如果是在晚上，灯光条件如何？你是否需要看书面讲稿？

（8）如果你在演讲中必须使用显示屏、幻灯等工具，应该事先调试。

（9）其他的演说者是谁？他是否会与你所讲的相互冲突？

（10）你期望最后获得怎样的最佳效果？

如果你毫不清楚以上十点，那你最好不要走上讲台。

如何克服演讲中的不良心理

演讲者在演讲中必须解除思想负担和心理压力，及时调节自己的心境和情绪，树立必胜的自信心。

1. 缺乏信心的心理

演讲者看到自己的某些弱点，如普通话说得不太标准、言语技巧训练不足等，常有这样的疑问："我能行吗？"这个疑问本身会促使演讲者夸大自己的弱点，从而对演讲丧失信心。其实，缺点人人都有，在千百双眼睛注视你时，需要的是扬长避短，掩盖缺点几乎不可能。

因此，演讲时应告诉自己："我刻苦练习了，只要发挥出应有的水平就可以。演讲是一种口才训练，为什么一上台就非成功不可呢？"

2. 期望过高的心理

有些演讲者总是喜欢在演讲前就给自己确定一个不太现实的目标，诸如"我的演讲会有如何如何的轰动效果""超过某某不成问题"，等等。由于有这些杂念，演讲者常常会因此而失去最后一次准备的机会。因为你想得过于理想，那些本来可以纠正的地方被这种光晕掩盖了，你甚至会把人们的好意指点当成恶意攻击而置之不理。

所以，当你为自己的"演讲设想"而激情喷涌时，别忘了提醒自己"冷静"，诚恳地找有关人员听你试讲，并请他们帮你矫正缺点。记住，即使是最伟大的演讲家最动情时的表演也是伴着理性之光在闪耀的！

3. 临场紧张的心理

几乎人人都有过在公开场合的紧张心理。经常有这样的现象：一个人在家人、同事及熟悉的环境中可以侃侃而谈，可换一个听众，换一个陌生的环境就会紧张得不能自持。

演讲，最让人焦虑的是："假如我过分紧张怎么办？"办法之一是对演讲场所和听众情况先行了解，做到心中有数。还可以提前亲临演讲场所，使陌生的环境变得熟悉。假如这些不能办到，你尽可以想象自己处在一个陌生的地方，成千上万的人在听你演讲，提前体验一下紧张感是如何袭击自己的。

紧张感若真的在演讲时发生了，演讲者的潜在意识成为表层行为，变得心跳加速、额头冒汗、手足无措。这时该怎么办？最好的办法是做深呼吸：吸气时扩展胸腔、压迫小腹，呼气时放低胸膈肌。数次之后，就能抑制紧张。还可以从听众中找一张熟悉的面孔，注视他，告诉自己，他希望深入了解自己演讲的内容。这样一来，心情就会轻松起来，就可以继续演讲了。

4. 应付状态的心理

紧张心理通常持续时间较短。假如紧张使你无法控制自己，从而由紧张而惊慌、恐惧，最后完全击败了你对这次演讲的自信心，此时切不可草率应付、长话短说，甚至就此离位而去。

要知道大多数人还是不以成败论英雄的。况且，给听众以影响的，除了演讲内容，还有演讲者的心胸、气度等因素。你若应付听众或拂袖而去，首先是不尊重听众，其次也是不尊重你自己。这样一来，你得到的不仅仅是失败，很可能还有听众对你的"没出息"的评价。

其实，到了这个地步，你可以告诉听众："讲得不好，请多关照。"这时听众多半会被你的真诚、坦率所感动。

5. 受挫不振的心理

有些演讲者因为曾经失败而不敢再次登上讲坛。当你对自己说"我没有搞演讲的素质"时，你是否想到了登上讲坛本身就是一笔很大的财富呢？须知，孔夫子当年为宣传他的思想而周游列国，还曾被不理解他的人围攻过呢，他不是也以宣讲自己的见解而成为儒学鼻祖了吗？

第八章

掌握说话时机，
让你事半功倍

态度诚恳是求人的敲门砖

　　求人办事，说话态度很重要，而诚恳绝对是最佳的"仪表"。诚恳的同时，也要让对方清楚，为什么要帮你。你的话越诚恳，对方就越不会拒绝你。另外，求人办事，一定要明确自己的目标，这样一来，别人也才能有的放矢。

　　求人办事，最考验一个人的语言表达能力。如果你的口才出众，三言两语就可以把话说到位，求人之事自然水到渠成；如果你是一个言语木讷的人，支支吾吾，欲言又止，很容易招人烦，求人之事自然是很难成功。不过，说话真诚可以弥补自己在说话方面的短板，因为它并不是要求你的言辞多么委婉或华丽，而是简单明了地说清楚自己的诉求。

　　19 世纪的法国作家左拉为发表自己的处女作《给妮侬的故事》，颇经历了一番波折。刚开始，他捧着自己的书稿，拜访了三家出版社去推销自己的作品，但都未获得成功。不过他没有放弃，紧接着又找到了第四家出版社。

　　走到第四家出版商拉克鲁瓦的办公室门口，左拉有点儿沮丧，担心再次被拒，便有了退却的想法。但为了不辜负自己的付出，他决定勇敢一点儿，也相信肯定会有人赏识自己的才华。

左拉深吸一口气，敲了办公室的门，只听里面传来一句："请进！"

左拉走进办公室，拉克鲁瓦抬头看了一下手里捧着书稿的左拉，便问道："你是要出书吗？"

左拉几乎不假思索地说道："我已经拜访了三家出版社，但都被拒绝了，你这里是第四家，我希望也是最后一家。"

拉克鲁瓦愣住了，因为从来没有哪位作者会像这样对他说话，因为如果这样赤裸裸地讲出自己的遭遇，书稿八成是无法出版了。不过，这个小伙子竟然敢这样讲。

看到拉克鲁瓦没说话，左拉又补充了一句："请相信我，你能从这本书里看到我的才华。"

拉克鲁瓦被左拉如此坦率的行为所吸引，也有些感动，但依然有点儿怀疑这个年轻人是不是在吹牛，毕竟这个年头吹牛几乎不需要什么成本，有胆子就行。他决定留下左拉的作品仔细审阅一下。

看完后，拉克鲁瓦发现左拉确实很有才华，便决定出版这部名为《给妮侬的故事》，还与左拉签订了长期的出版合同。

常言道："在家靠父母，出门靠朋友。"一个人一旦踏入社会，就需要他人的帮助，所以要切记一条求人办事的准则：说话诚恳。左拉没有一上来就说自己很有才华，而是先把自己之前的"悲惨"遭遇告诉对方，这是一种非常巧妙的说话策略。当然，也许对左拉而言，这种策略是"无心插柳柳成荫"，因为他只是想表达自己的诚意。

马上就到植树节了，上级部门给某机关分配了植树任务，机关上下几十个同志大都没有异议，唯有几个老同志任凭主任怎么动员、劝导都不愿意参加，这让主任很尴尬。

下班后，主任把这几位"老顽童"叫到办公室，本打算对他们的行为进行一番批评教导，但转念一想，他们都是老同志，直接批评可能面子上过不去，而且批评了也不一定起作用。于是，他临时换了一种策略。关上门后，主任轻声地对他们说："我现在遇到了一件很为难的事，想请你们帮个忙。"奇怪的是，几位老同志做出了和上午完全相反的表态："主任，你也不要为难了，我们会去参加的。"

其实，主任也没有用什么高超的说话策略，只是坦诚地说了一句充满人情味的话。可见，求人办事态度很重要，一定要做到动之以情、晓之以理。

审时度势，抓住开口的时机

求人办事的过程，就是说话的过程。能说、会说非常重要，而且懂得察言观色，善于抓住开口的时机也非常重要。

尹杰看上了一套房子，但是自己手里的钱不够，就想着从同学兼好朋友郭伟那里借两万块钱。最近郭伟生意上接了一笔大单子，挣了不少的钱。

尹杰来到郭伟的公司，见他笑意盈盈地在跟下属分配任务，看来今天心情不错，于是就在他办公室外的沙发上安静地等他把事情处理完。

过了一会儿，尹杰看郭伟处理完了事情，在哼着小曲，悠闲地喝咖啡，于是就敲门走了进去。一见面，尹杰就客气地说："郭哥，看你春风满面的样子，最近生意不错啊。"

郭伟听到尹杰这样说，谦虚地回答："哎呀，小杰，你就别埋汰我了，也就挣了点儿小钱。"

"小钱，可不是吧。我听说由于最近物价上涨，你原来从工厂里低价买回的十万只水表一下子就成了抢手货。按市场的需求来说，你这一只水表就挣了四块多，还不算工厂给你的奖励。这样算来，你这次最少挣了四十万，真是比我们这些上班挣死工资的强多了，大家都说你是咱们班最有出息的了！"尹杰越说越兴奋，脸上的赞美和佩服之情溢于言表。

听了尹杰的赞美，郭伟脸上更是洋溢着喜悦："大家真是过奖了。不过说起挣钱，我还真有自己的一套理论。当初你们大家毕业后都纷纷选择上班，只有我一个人选择了经商。当初还有许多同学为我放弃一个月四千块钱工资的决定而惋惜。你看现在物价上涨得这么快，瞧瞧那些拿死工资的，哪个日子过得不是紧巴巴的？"

"是呀，就比如我吧，一个月七千块钱，听起来不少。可是除了吃喝，每个月剩不了几个钱。你看现在房价都涨到七千多了，我一个月不吃不喝，才够买那一平方米的房子。"尹杰一边赞同似的点头，一边大倒苦水。

"嗯，现在房价是挺贵的，不过据我的可靠消息，往后房价还会再涨的。咱们市区的房价过万，是最终的一个发展趋势。你不是也没有房子吗？攒了这么多年的钱，别放着了，越等越贵。"郭伟替尹杰分析道。

听了郭伟的话，尹杰顺势说道："郭哥跟我想到一块儿去了，你也支持我赶紧买房子吗？"

"支持，必须支持！"郭伟信誓旦旦地说。

"说实在的，郭哥，我前两天还真的看上了一套房子，位置什么的都挺喜欢。但是价格比我预估的高，我自己准备的钱还差了两万。今天来就是想看看你能不能先借给我两万块钱，我过四五个月就能还给你！"尹杰见时机已经成熟，就将自己来借钱的请求说了出来。

郭伟本来心情就不错，听了尹杰的话一拍胸脯回答道："老同学，包在我身上！不就两万块钱吗？即使你现在要借十万我也能拿得出手。等一下，我让会计把钱拿给你！还钱的事你也不用着急，什么时候有什么时候还！"

你看，尹杰正是抓住郭伟心情好这个时机，才能够成功地从他那里借到钱。

一个情商高的人，或者是会说话的人总是善于利用各种机会来说服别人。求人办事，一定要选择好开口的时机！当你遇到以下几种情形时，千万不要急于向别人说出自己的要求。

1. 当他正处于麻烦的事情中

这个很容易理解，当对方正为自己的麻烦事情而烦恼，或者为某一件事忙得不可开交、分身乏术的时候，你去求他办事，即使他能为你办，也不会答应你的，没准儿还会觉得你没眼力见儿，白交了你这个朋友。

2. 当他劳累的时候

人在劳累的时候最想做的事情就是休息，或者是让自己放松一下。你在这个时候去打扰对方，会显得非常不礼貌，对方跟你谈几句话可能就没有耐心了，兴许还没等你把自己的难处或者诉求说出来，人家已经对你下达了"逐客令"。

3. 当他完全没有想跟你说话的意思时

对方不想跟你说话有两方面的原因。一方面是他自己心情不好，太累了，想休息休息。此时你应该注意察言观色，不要在这种时候去打扰对方，应该寻找合适的机会再次向对方表明自己的来意。另一方面可能是由于人家听了你的诉求后，本来就不愿意帮助你，不愿再听你说下去。此时，你还多说什么呢！

所以，求人也要掌握一定的"势"，当形势不利于自己的时候，要懂得乖乖闭嘴。当形势有利于自己的时候一定要懂得抓住时机，当机立断。

不论事成与否，感激必不可少

求别人办事，对方办得好还行；办得不好的话，有些人就会满腹牢骚，甚至是极尽讽刺和挖苦。其实，求别人帮忙那是你自己的需求，人家帮助你完全是出于朋友的心意。你不能把自己的愿望和需求完全强加在别人的身上，这不仅显得你这个人非常没素质，还不利于你未来的人际交往。

蔡兵跟谢雨是关系不错的同事，两个人经常在一起吃饭、聊天。蔡兵喜欢交朋友，胸怀宽广，但是老爱在别人面前吹嘘自己的一个朋友开教育培训机构很成功，在省内有多家分公司，并且发展势头很强。

谢雨的表妹刚刚大学毕业，她希望毕业后在家乡做一名教师。其实表妹的成绩也不错，但因为一直没有针对性地学习过教育学、心理学之类的知识，所以以前也考过一次，没考上。父母找到了谢雨，谢雨第一反应就是找蔡兵帮忙。

听谢雨讲清来意后，蔡兵信誓旦旦地说："别担心，这件事情包在我身上！"

但是过了一个月，蔡兵垂头丧气地找到谢雨说："真的不好意思，我那个朋友的公司招聘现在变得严格起来了，这次的应聘对象必须是专业对口！我托了好多关系，费了好大的劲，还是没办成！"

谢雨听完蔡兵的话带着质疑的口气问道："你不是说这机构是你朋友开的吗，怎么能办不成呢？是不是你没有跟你那位朋友好好说？或者是你根本就没有这样的朋友！"

本来蔡兵还在为自己没有替朋友办成事而内疚，但一听谢雨这么说，顿时火冒三丈道："我费那么大劲去疏通关系，虽然没办成，你也不至于这样说我吧，就算是我没有办成又怎么着？！"

两个人越吵越凶，最后被大家拉着才回到了各自的办公室里，场面非常尴尬。经过这件事情，两个人都对对方充满了意见，由原来的好朋友变成了互相仇视的敌人。

正是由于在面对蔡兵没有将自己的所求办好时，谢雨说话不当，两人才会产生矛盾。其实不管蔡兵有没有尽力为自己办事情，谢雨都不应该情绪激动，说出有损于彼此友谊的话。

在面对朋友没有为自己办成事情时，一味地埋怨只能让事情变得更加复杂，不仅解决不了真正的问题，还会让对方觉得你是在有意为难他，觉得你没有度量，损害彼此已经建立起来的友谊，可谓百害而无一利！

因此，聪明的人总是具有容人的雅量，即使是对方没有为自己办好事情，也能够充分表达自己的感激之情。

马刚跟苏建在同一个部门工作，但负责的工作内容不同。马刚有点儿不善表达，因此虽然他俩在同一个办公室，但对苏建却并不太熟悉。

有一次，马刚想要苏建帮自己做一下公司的广宣品设计手册，毕竟自己不擅长这个，而苏建正好可以做这方面的工作。

听了马刚的请求，为人豪爽的苏建满口答应了。

第二天上午，还没等马刚去找苏建，苏建就过来找到马刚，并告诉他，这个工作自己做不了。因为苏建发现，马刚给他的这个版本自己之前没有使用过，不知该如何使用，并且现在公司的要求比之前严格了好多，自己不一定能做好。

"我已经捣鼓了一上午，还是没有发现窍门，只简单地做了一个大纲。真的非常抱歉，耽误你的事情，你要不去找找别的高手吧。"苏建满怀歉意地说。

马刚本来还有一丝遗憾，但听到苏建如此诚恳地道歉，就拍拍他的肩膀说："虽然最后的结果不是很好，但我还是要跟你说声感谢。毕竟你也是花费了自己不少时间来处理我的事情。你已经尽力了，以后如果有用得着我的地方，也请尽管开口！"

苏建听了马刚的话，顿时觉得心里有一股暖流流过，也由衷地佩服马刚的度量。

经过此事之后，苏建认为马刚是一位值得深交的朋友，于是就时时关注着他的需要，当马刚遇到困难时，他总是第一个伸出援助之手。慢慢地，两人互相敞开心扉，变成了无话不谈的好哥们儿。

马刚正是由于在苏建没有将自己的所求办好的情况下，体现出了一个君子的风度，不仅没有怪对方，还能够表达自己的感激之情，才能意外收获这样一位好朋友。

其实，生活、工作中，只要别人在尽心为你提供帮助，无论最后事情有没有办成，你都应该对别人心存感激并表达感谢。因为无论如何，对方都为你的事耗费了时间和精力，最后没有办成也不是他想看到的。这时你如果还埋怨和斥责对方，可以说很伤人心；而如果你能理解他，并对他表示感谢，他就会觉得你很善解人意和宽容，以后你再有困难也会竭尽全力来帮助你。

所以，当你求别人帮忙时，即使事情没有做成，也要表达你的感激之情，这样才能够让你获取更长远的利益。

此路不通？另辟蹊径

人生在世，谁敢说一辈子不求人？有的人求人时总是碰钉子，而有的人却顺风顺水。所以说，求人办事也是一门技术活儿，是一个人能力的表现。

俗话说："上山擒虎易，开口求人难。"有人曾经总结，发现求人有三难：

第一，开口难。只要是要去求的人，肯定和你存在某种关系。可能是昔日的同学，可能是你的亲戚，也可能是亲密无间的好朋友。无论在同学、亲戚面前，还是在朋友面前，张嘴求人办事都是很难的，因为那样会让两个人的关系立即变得紧张起来。因此，很多人都会认真考虑该不该张嘴求人，这就是所谓的开口难。

第二，等候回复难。开口求人后，就要等候回复。此时，求人者会觉得自己就像一个厚着脸皮伸出手的乞丐，在心理上比他人低一等。

第三，结果难。如今，每个人都很聪明，遇到任何事都不会立即答应或拒绝你，就算是举手之劳也会考虑一番，嘴上说着"我一定尽力帮你办"，实际上却不见行动。等你心急火燎地催促时，他又告诉你遇到了什么难处，然后一拖再拖，拖到你自己都不好意思再问，最后只能不了了之。

由于这三难，很多人的原则就是，能不求人尽量不求人。但是，生活往往不尽如人意，很多时候，我们不得不违背自己的意愿去求人。无可奈何之下，犹犹豫豫之后，只得放下尊严，低头求人，说一些一辈子都不愿意说的话，做一些一辈子都不愿意做的事。

不过，有的人求人时总是碰钉子，而有的人却顺风顺水。所以说，求人办事也是一门技术活儿，是一个人能力的表现。比如，拿借钱来说，有些人一提到去和别人借钱就会感到害怕，不知道如何张口。其实，只要从借出者的角度考虑问题，运用一定的语言技巧消除对方的顾虑，开口借钱也就不是什么难事了。

首先，和对方交谈时，要用商量的语气，说话的口气不能太硬，更不能说一些伤害对方的话，而是要保持一种有求于人的姿态。比如，孩子生病住院了，手头上一时缺钱，不得不向对方张口借钱时，可以说："我的孩子生病住院了，还差 5000 元，如果你手头宽裕又没什么急用的话，我想从你这儿借点，下个月我发了工资就还你。"如果对方犹豫，担心到时候空口无凭，你可以主动要求写借条，消除对方的顾虑，并对对方说："如果你没有闲钱，就当我没说过这话，我再到别处借借，家家都有本难念的经，都可以理解，咱们今后还是好兄弟。如果你有闲钱，这是我提前写好的借条，你一定要收下。虽然咱们的关系非常好，但是都说'亲兄弟明算账'，咱们交情归交情，金钱归金钱，我觉得咱们关系好才开口找你借钱，借条你收下，不然我就不好意思找你借了。"

用这种商量的语气，会消除对方的顾虑，只要别人手头上有闲钱，一般都会慷慨相助。可是，有些人却不懂得这个道理，向别人借钱时竟然说："谁都知道你卡里存着几万块钱，借我几千还不是小事？又不是不还你，怕什么？"向别人借钱时，和比较熟悉的人这样说还无可厚非，和关系一般的朋友这样说就不太合适了，没有人愿意听这种话。

另外，有一点一定要注意，向别人开口借钱时，一定要说出你准备什么时间归还，过后还要准时还给对方。比如，和自己的朋友一起逛街，看到一件比较好看的衣服，你非常想把它买下来，但是手里没什么钱，就可以说："能不能先借我 200 元呀？我回去后就还给你。"明确说出归还时间，可以消除对方的顾虑，让他知道借出去的钱有了保障，就会放心地把钱借给你。

求人办事，为了不碰钉子，应当注意以下几点：

1.要过自己心理这一关

在心中告诉自己，既然求人是无法避免的，倒不如理直气壮一些。开口求人也要心中坦荡，不用谎话连篇，也不用乞哀告怜，更不能任人奚落而无动于衷。

2.要有足够的耐心

开口求人不一定什么事都能办成，如果对方面露难色，或者对你态度冷淡，不要觉得自己失了面子，更不要觉得受到了侮辱，从而失去了耐心。

3.选择最佳路线和方法

现代社会分工明确，如果到处去求人办事，未必能成，所以一定要摸清具体情况，找准能帮助你的人。

4. 要理解别人

有些人求人办事时，总觉得对方神通广大，没有办不了的事，对对方的期望值过高。其实，任何人都有自己的短板，都有自己的难处，如果你能理解别人这一点，就不会觉得求人办事太难了。

5. 对他人的要求不可太高

开口求人无可厚非，但是不能死缠滥打，逼着对方必须答应你的要求。

用利益诱导，把他变成"自己人"

求人办事，难免会在面子上过不去，甚至觉得低人一等。很多人也想当然地认为，求人办事，就要卑躬屈膝，一味讨好别人。事实上，这种观点是极其片面的。有时候，如果你所求之事与对方利益息息相关，那么只要把双方利益阐明，所求之人也会转变为所帮之人，难度自然下降。

东东和楠楠两兄妹，一个七岁，一个五岁。平时俩人关系很融洽，但只要涉及吃的东西，就开始互不相让。一天，妈妈给了他们一个橙子，他们为橙子的吃法产生了分歧。东东想让妹妹把橙子让给自己，一会儿做成橙汁分给她一半；楠楠也提出让哥哥把橙子让给她，做成橙子味的蛋糕，也分给他一半。最终，谁也无法说服对方，于是就决定把橙子切开，一人一半。就这样，俩人各自拿着一半橙子去找爸爸妈妈了。东东让爸爸把半个橙子的皮剥掉，然后把果肉放进榨汁机；楠楠把橙子递给妈妈，想让妈妈把橙子肉挖掉，单留橙子皮磨碎，和面粉搅在一起，做个橙子味的蛋糕。

还好，妈妈很会处理这些事情，在做之前她先找到东东，问能不能用楠楠的橙肉换他的橙子皮。东东当然没意见，因为他要的就是橙肉。分完之后，妈妈把东东和楠楠叫到一起，笑着说："分橙子前，你们为什么不多商量一会儿呢？既然东东只要果肉，楠楠只要橙皮，那就应该把橙肉和橙皮分开，一个人拿橙肉，一个人拿橙皮，岂不是两全其美？"

孩子因为天性使然，或许因为经验不足，遇事总是习惯于用最简单的方式来处理。其实，在互相求助对方之前，多一点沟通，把各自的利益阐明到位，就可以获得利益的平衡点，从而达到让对方听从自己建议的目的。

孙大海和李天翔是邻居，曾经因为闹矛盾，打了一场官司，之后彼此就不再说话。一次，孙大海到外地出差一个月，回来的时候发现家里被盗，给未婚妻买的黄金戒指也丢了。虽然报了案，但迟迟找不到犯罪嫌疑人。一天，孙大海从李天翔门口路过的时候，发现对方大门顶部装着一个摄像头。因为两家的大门离得不远，所以孙大海就揣摩着能不能从这个摄像头里找到一些有关盗贼的信息。想法固然不错，但是两家因为打官司，已经差不多半年没有说过话，人家凭什么帮他呢？

第二天，孙大海从另外一个邻居那里获悉李天翔过两天要出国旅游，一走可能就是两个月。这可急坏了孙大海，毕竟自己家里被盗的案件还没破，仅有的一点儿线索自己又无法张口。不过，突然之间，他的脑子里面闪出了一道灵光，便果断地朝李天翔家里走去。

李天翔一看站在门口的是孙大海，就打算关门，还好孙大海反应快，上前一步顶住门，顺口问道："你过两天要去国外旅游？"

"这和你有什么关系？"李天翔不解地问道。

孙大海看着对方说："我前段时间到外地出差一个月，家里被盗，现在这个贼还没有抓到。你要是去国外旅游，两个月不在家，谁能保证这个贼不去你们家？"

李天翔胸有成竹地说："我家安装了摄像头，不会被盗的。"

孙大海说道："那可不一定，摄像头也会有盲区的。"

李天翔问道："那你说我怎么办？难道不去旅游了，就待在家里看家？"

孙大海看对方的态度有所软化，也趁机转变了说话的口气："老兄，实话跟你说吧，我今天来就是想调取你们家的监控录像看一下，看能不能找到我们家盗窃案的一些线索。如果能从中发现盗贼的线索，也可以协助警察早日破案，你也就不用担心这伙人再光顾你们家，自然就可以放心地去旅游了，不是吗？"

李天翔略微思索了一下，感觉对方说得确实很有道理，而且如果能找到窃贼，对自己也是有实质性好处的。之后，他就下载了那段时间的监控录像，并由孙大海交给了警察。果然，在监控录像里面看到了盗贼，警察也根据这些线索，两天就破了案。

后来，警察从犯罪嫌疑人的嘴里获悉，他们本打算再过几天等李天翔家里没人的时候，就去偷窃，这下可好，还没动手就被擒了。李天翔知道这一情况后，在去国外旅游前，还特地请孙大海吃了一顿饭，向他表示感谢。后来，两家的关系又恢复了正常。

求人说难也难，说简单也简单，关键看求助者怎么去做，怎么去想。如果提前把各方的利益考虑到位，在求助时阐明利弊，那么求人办事也就会变得轻而易举。

善于引导，才能不被拒绝

很多人认为多一事不如少一事，因此，在潜意识里对他人的请求会有所排斥。他们要么在礼节上表现得很客气，但言语上却大谈自己的难处；要么连表面文章都不屑于做，直接让你坐"冷板凳"或者给你吃"闭门羹"。有些急性子的人看求人不成就赖着不走或者说些强势的话恐吓对方，这样的请求十之八九会泡汤。如果换种方式，比如态度温和一些，说话委婉一些，不流露出你求人的意图，等时机到了，气氛也有了，再谈求人的话，被拒绝的概率自然会小很多。

邓佳轩在国内一家小有名气的杂志社任主编，他的岳父是财经界一位很有名气的作家。最近，杂志社正在就一个财经专栏做选题规划，邓佳轩就想向岳父约稿。因为当初结婚时，岳父极力反对女儿嫁给他，所以俩人的关系有点儿僵。再加上岳父脾气古怪，对向他约稿的人都不怎么友好，所以对于能否约到岳父的稿子，邓佳轩心里没底。于是他决定带上妻子，亲自到岳父家走一趟。

和往常一样，邓佳轩和岳父相处得不是很融洽，无论他怎样试探，岳父都装聋作哑，或者点头敷衍，不给邓佳轩好脸色。进门老半天了，也一直没找到机会，所以邓佳轩打算今天就不谈约稿的事了，随便陪老人吃吃饭、聊聊天。

吃饭的时候，邓佳轩突然想起岳父最近有一本书在英国出版了，便问道："爸，听说您去年写的那本书被翻译成英文，在英国出版了，是真的吗？"

一聊到自己写的书，岳父立马来了兴致，颇为自豪地说道："是呀。"

邓佳轩接着问道："爸，您的新书构思很独特，而且分析得也很深刻，不知道翻译成英文，能不能把里面的意思完全表达出来？"

岳父赞赏地看了邓佳轩一眼，点头说道："这也是我担心的。"

接着，俩人就新书在国外的发行滔滔不绝地聊了起来，气氛也变得轻松许多。后来，加上妻子在旁边帮腔说话，岳父非常爽快地答应为女婿的杂志社写一篇稿子。

故事中的岳父脾气古怪、性格倔强，估计一开始就猜测到了女婿有求于己，所以故意疏远。当女婿提到他写的新书，老人的态度顿时发生了戏剧性的变化，因为聊到了他的兴趣点。即便对女婿不满意，但人家既然对自己的新书那么关心，心里面肯定也会感觉欣慰。邓佳轩通过这一点，俘获了老人的心，进而让老人答应自己的约稿请求。试想一下，如果邓佳轩一开始就谈约稿，惹老人生气了，估计后面连谈书的机会都没有。可见，求人时，若循序渐进，耐心引导，结果就会好很多。

雷特曾担任过《纽约时报》的总编辑，当时，他身边缺少一位精明能干的助理。其实当时雷特心中已经有一个人选了，就是年轻的约翰。不过，当时约翰刚辞职，打算回家乡当律师。

雷特请约翰到联盟俱乐部吃饭。饭后，雷特提议约翰到报社转转。在报社，他看似随心地从一堆电讯中间选了一条尚未编辑的重要新闻，对约翰说："先请坐下来，帮我写一段有关这条新闻的社论吧。"约翰觉得也耽误不了多少时间，就答应了。社论写得很精彩，雷特看完也颇为赞赏，就以最近新闻量较大为由，请求约翰再帮一个星期的忙。一个星期过去后，雷特又请求对方帮一个月的忙，渐渐地，约翰在不知不觉间放弃了回家当律师的打算，留在纽约做起了新闻记者。

从以上两个例子我们可以轻易地得出这样一条规律：强求不如善导。

每个人都有好奇心，只要在求人时，因势利导，抓住对方的好奇心，就可以变被动为主动。如果你想让别人参与到你的事业中，应该多从事业本身以及它的前景里挖掘出一些能吸引对方的兴趣点，这样更容易达成目的。想让别人做一件容易的事情，就要让对方获得哪怕小小的成就感；想要别人做一件大事，就要给对方一个强烈的刺激，让他有去做的欲望。

没有人会拒绝信心十足的人

很多时候你寻求别人的帮助不成功，不是因为你态度不够诚恳，也不是因为别人不愿意帮助你，而是因为你没有让对方详细了解自己的规划。

在现代社会，即使是亲人、朋友之间，面对他人的请求时，也会考虑一下自己的得失。如果在求人办事时，你只是一味地让别人帮助你，根本不会有任何说服力。

因为在你请求别人的后续计划中，没有清楚地向对方阐述自己在得到他的帮助后是如何给他带来更大的利益，或者至少不会让他产生损失。所以，对方就觉得对于帮助你这件事情自己没有参与进来，对你的未来预测就会有太多的不确定性，当然这些不确定会转化成对你的担忧。他担心跟你合作，钱款会"有去无回"；或者会担心帮助了你不仅对自己的升职没有好处，还会让自己受到更大的排挤，因此选择拒绝帮助你。

而一个懂得说服技巧的人在寻求帮助时，总是愿意将自己的规划讲与别人听，让别人吃下一颗"定心丸"，从而更好地说服别人。

楚伟家几代人都是大山里老实巴交的农民。到了楚伟这一代，他好不容易考上了大学，家里人本想着楚伟能"鱼跃龙门"，到外面的大世界去闯荡。

没想到楚伟毕业后竟想要说服大家筹集一笔钱，在大山里面搞什么生态旅游、野味开发的项目。这在他们家，甚至是他们村里都炸开了锅。

面对大家的疑惑，楚伟娓娓道来："我也曾想过找个能坐在办公室里的工作，安安静静地做个小职员，一个月拿几千块钱，挺悠闲。可是，我们村里有这么好的资源，不开发就浪费了。大山养育了我，我不能只顾着自己享福，却不想着乡亲们啊！"

"可是你搞旅游、搞野味就行了吗？就咱这穷乡僻壤的，谁来呀？！"人群中有一个人喊道。

"虽然我不能保证让大家挣到多少钱，但是我敢保证绝对比你们整天面朝黄土背朝天要强。就拿紧邻咱们村西头的那个大瀑布来说，我们可以搞一个水上漂流的项目，在咱们县城的各个要道打上广告牌，吸引城里人夏天来我们这里避暑、游玩，然后我们向他们收一些费用。

"再比如咱们村北面紧靠着大山，我们可以在山上种一些野山菇、山菌之类的野味，并把这些产品放到淘宝、公众号等网上售卖。当然在售卖的同时我们也可以让大批的外来人员来到我们这里参观，同时又可以提高我们这里旅游业的知名度。

"我已经悄悄地留意过，现在大部分的城里人都比较注重养生。我说的这些项目在一些比较发达的城市已经比较火爆了，我们也会慢慢地朝那个方向发展起来的。"

虽然大家文凭都不高，楚伟说的许多知识他们也都不了解，但是听楚伟规划得如此详尽，并在他们这里都具有可实施性，大家都觉得很有道理，心中的疑惑顿时烟消云散。大家纷纷举手赞成楚伟的意见，共同出资将这个项目开发出来。

在面对大家的质疑和不解时，楚伟正是用自己详尽的规划，打消了大家的疑虑，让大家从他这里看到了希望，最终说服大家共同投资这个项目。

小莲想从朋友小凡那里借点儿钱搞服装批发。小莲到小凡那里详细地将自己如何寻找到了供应服装的厂家，厂家如何组织发货，自己准备如何装修店面，如何制订销售计划，从哪种渠道开发新客户，甚至如何选择店员，工资给多少等，都一五一十地告诉了小凡。

听完小莲的叙述，小凡微笑着说："看你把自己的事业规划得这么完美，肯定不会有什么差错的。就算是出了什么差错，没挣到钱，就凭你能将这些计划统统都告诉我，也是对我的一种尊重和信任。你信任我，那么我肯定也相信你。你等着，我这就给你取钱去！"

有时候说服他人真的很简单。你只需要让他看到你的努力，看到你是如何规划自己的道路的就行了。

人们都喜欢努力的人，努力的人运气肯定不会太差。所以，人们也总是喜欢去帮助那些努力着、对自己所求的事情有着完善规划的人。因为这些人不仅可以给自己带来好运气，而且可以让自己对生活充满激情。

因此，想要让自己的所求离成功更进一步，一定要记得在说服他的时候让他详细了解自己接下来的规划，让他放心，他才愿意去帮助你。

把"不"字堵在对方的喉咙里

法国作家拉·封丹曾写过一则寓言：

北风和南风比威力，看谁能把行人身上的大衣脱掉。北风首先来一阵寒冷刺骨的风，结果行人把大衣裹得紧紧的。接着，南风徐徐吹动，行人顿时感觉全身暖和，陆续解开衣扣，继而把大衣脱掉。最后，南风获胜了。

这则寓言告诉我们：温暖胜于严寒。后来，人们将这种现象称为"南风效应"，也叫"温暖法则"。指的是在人际交往中，多一点儿温情，多一点儿人情味，更容易让人对你产生好感和认同，也更容易让你达到目的。这一点在下面的案例中就得到了很好的体现。

1995年，刚毕业的大学生黄河被分配到山东泰山钢铁总公司工作。在公司工作了一段时间，他嫌厂里工资低，就偷偷跑到南方去打工。过了一段时间，他回到厂里准备取走档案，正好被公司的党委书记王守东撞见。

黄河以为王书记会批评他几个月没上班，但出乎他的意料，王守东只字未提旷工的事，而是说："从国家大局讲，人才流动是大趋势，因此你选择离开是对的。你们收入低，我没有关心到你们，这是我的失职，但你毕竟在泰钢待过，我希望你离开之前，应该对泰钢多少了解一点。"

接着，王守东把个人经历、企业历史讲给黄河听，黄河听得热血沸腾。最后，这位原本要东南飞的"孔雀"留了下来。后来，他每年为企业创造2000万元的效益。

试想一下，如果王守东不会说话，很可能一上来就劈头盖脸批评黄河，说他旷工的种种不对，直接将打算离开的黄河逼走。如果黄河离开了，哪有后来的企业高效益？当然，你可以像现在社会的老板那样说"地球离了谁都照样转"，但是对于优秀的人才，少一个和多一个，两者之间的差别有多明显，我们不言自明。在这里，王守东运用的就是"温暖法则"，他言谈之中充满亲和力和人情味，以情动人、以情感人，让黄河听得很舒服，从而渐渐认同了他。

这也启示我们，在人际交往中应该学会换位思考，了解对方的心理，尽量把话说到对方的心坎儿里，让对方听得舒服，听得愉快，听得拍手叫好，听得张开双手，与你拥抱。这样一来，什么事情就都好办了。相反，如果你的语气总是咄咄逼人，处处强硬，即便别人嘴上服你，心里也不服你。容易办成的事情，也会被你的强硬态度搞砸。

温暖胜于严寒，温情胜于冷酷。南风效应告诉我们，要想说服别人做你希望的事情，应该从对方的内心下手，攻陷对方的心理防线，让对方心甘情愿地去做。否则，强迫和威胁是没有效果的。

求人办事时，如果直接提要求，显得有些强硬，最好是先说一些好言好语，宽慰一下人心，给人一些好感，再委婉地暗示别人，这样更容易达到办事目的。

小赵与老李合伙做生意，在他把一笔巨款交给老李的第二天，老李不幸遭遇了车祸，抢救无效死亡。小赵陷入两难境地，若开口追款，太刺激老李的家人；若不提此事，时间久了，对方可能不承认，那自己的损失就大了。有朋友给小赵出主意，他们的对话如下。

朋友："这种事情还有什么好犹豫的？你赶紧去找他老婆，把钱要回来！"

小赵："怎么开口啊？人家正在悲痛中，我直接去要钱，不是自讨没趣吗？"

朋友："这有什么自讨没趣的？别人欠你的钱，还钱天经地义啊！"

小赵："如果嫂子不承认呢？我无凭无据的，逼急了，别人一口否认怎么办？"

思前想后，小赵与老李的妻子在老李的丧事完毕之后进行了一段对话。

小赵："嫂子，真的没想到，李哥这次发生意外，望你节哀，坚强面对。"

嫂子："嗯，我会坚强的，谢谢你。"

小赵："我们的合作才刚开始，我真的希望继续合作下去。要不这样吧，嫂子，李哥的那些客户你都认识，你出面维持维持，把我们的生意做下去，你看怎么样？到时候出力跑腿的事情我来，我不怕吃苦、花力气。"

嫂子："这次出事让你生意上受到了损失，我也没办法干下去了，李哥离开前说了，他刚从你那里拿了一笔钱，让我还给你，你过两天来拿回去吧！对不起了！"

在上面的对话中，小赵丝毫没有表现出追款的意思，而是说出了一番让人温暖的话语，一下子宽慰了嫂子的心。其实，他心里非常清楚，嫂子没有能力，也没有心思与他继续合作下去。因此，在提出合作建议时，他没把话说满说死，只是说他只能跑腿花力气，却不熟悉那些门路。这种友好商量的语气，顺利地给对方一个台阶，也给自己一个缓冲的余地，最后达到了追款的目的。

如果小赵按他朋友的主意去要账，很可能人财两空，因为强硬地逼迫，会给人造成反感，而小赵给老李钱，又没有证据，一旦逼急了，嫂子一口否认，那到时候，朋友做不了，钱也要不回来了，那损失就大了。

在人际交往中，尤其是在营销与谈判中，谈论正题之前，最好用热情和礼貌来预热，预热中，最有力的武器就是赞美。一句到位的赞美，可以瞬间瓦解对方的心理防线。之后你再提要求，就不愁别人不买你的账。

第九章

巧问妙答，
主动与被动的智慧

提问也是门技术活儿

朋友见面，相互问候一下："好久不见，最近都在忙什么呢？家人都好吗？"这样的询问给对方的感受是：你没有忽略他的行踪去向，而且对他的家人给予了深切的关注。这样可以取得"良言一句三冬暖"的效果。

如果你和对方还有共同朋友，见面之后，不妨打听一下那位朋友的情况，比如："你见到××了吗？他最近情况怎么样？我好久没见到他了，有些想念他了。"这样的询问会使对方感受到你对朋友的真挚感情，从而增强彼此间的友谊。而且当这种询问传到那位朋友的耳里时，会使他对你好感倍增。

在公务场合，询问、提问也要讲究方式和技巧。一方面要有实质性的、明确目的的提问，另一方面也不能缺少功能性提问。所谓功能性提问，指的是为实质性提问铺路搭桥的，也就是进入正题之前的搭讪、寒暄和铺垫。将这两种提问结合起来，才是最有效的提问。看一看下面的例子：

问："张总，最近身体怎样啊？"（功能性提问）

答："还好，谢谢。"

问："生意挺忙的吧？工作够累的吧？"（功能性提问，以示关怀，为

下面的提问铺路）

答："是呀，工作很忙。"

问："明天有应酬吗？"（功能性提问，实际上是想了解对方的日程安排，好确定会面时间）

答："明天没有应酬！"

问："明天我请你吃饭，我们好好聊聊，怎么样？"

答："好啊！"

问："好，明天下班我去你公司接你。"

在这段对话里，提问者的目的显而易见，就是想约张总吃饭。在提出邀请之前，他先采取功能性提问的办法，主动询问张总的近况，表达对张总的关心和体贴；然后，逐渐将话题引到工作上；最后很自然地提出邀请。整个谈话过程，既有功能性提问，也有实质性提问。可以说，这是约人常用且有效的谈话方式。

在主动询问对方以表达关心时，有几点需要注意。

第一，表达关心要适度，提问要保持礼貌和谨慎。

弗朗西斯·培根曾经说过："谨慎的提问等于获得了一半的智慧。"这对询问别人的近况，表达对别人的关心也十分具有借鉴意义。因为除非朋友之间闲话家常，否则，过多地询问对方的近况，会让对方觉得有压力，关心的效果就大打折扣了。

A 和 B 是生意上的伙伴，曾经合作过几次，后来又为一个项目走到了一起，见面之后，有了下面的对话：

A："老兄，好久不见啊，最近过得怎么样啊？"（这是一句非常普通的客套话）

B："近来还好，谢谢你的关心。"

A："嫂子和孩子都好吗？"（对客户的家人表达关心）

B："他们都好。"

A："嫂子在哪里上班啊？累不累啊？"

B："她啊，还是在老地方上班！"

A："老地方，哪里呢？"

B："怎么？你想给她介绍工作吗？"（这个时候 B 已经有些厌烦了，因为 A 总是不停地问他的老婆的情况）

C 和 D 也是生意上的伙伴，曾经合作过几次，后来又为一个项目走到了一起，见面之后，有了下面的对话：

C："老兄，好久不见啊，最近过得怎么样啊？"（这是一句非常普通的客套话）

D："近来还好，谢谢你的关心。"

C："一切都好就好，这样才有好心情做生意，来来，我们谈一谈接下来的项目……"

D："好！"

对比一下这两组对话，同样都是表达关心的询问，A 问得有点儿多，以至于引起了 B 的反感。而 C 在询问的时候尺度把握得很好，简单问候之后直接进入主题，这也符合 D 的心理需求。由此可见，主动询问表达关心是好的，但一定要把握好尺度，以免弄巧成拙，起到反作用。

第二，不要忘了交谈的主题，避免喧宾夺主。

除非朋友、亲属之间的闲话家常，任何时候，都要明确与人交谈的目的。因此，在简单地询问对方情况，表达了关心之后，不要忘记及时将话题引向正题，问一些实质性的问题，促进交谈目的的实现。

让对方一直点头的问法

如果你的一连串问题，会让对方一直点头，给出肯定的回答，那么就会使他趋向肯定的一面。如果对方对你表示肯定，而且心里呈放松状态，那么你们的谈话气氛自然变得和谐，原本的偏见也会荡然无存，达成一致便不成问题。那么如何才能让对方给出肯定的回答呢？

通常情况下，人们对于很多的事情事先并没有特别的主观意见，只有在被问到之后才开始真正思考。因此，问问题的人就存在很大的发挥空间，可以运用诱导或暗示的方法引导对方说出设定好的答案。

每个人都会在意别人对自己的看法，这是人性中所共有的特点，所以人们在回答自己还不太确定的问题时，便会思考"我这样回答会令对方怎么想呢"。这个时候，如果提问者在问题里预设了答案的"倾向"，就会让回答者不自觉地往那个答案靠拢。

比如，你想要让上司亲口称赞你设计的产品外观，于是你问他："您觉得我设计得如何？合您的意吗？"这很容易得到不确定性的回答："这个嘛，好像也还好，怎么说呢……"但如果你问："您觉得我设计得如何呢？"按照您的要求，我考虑到简洁、环保等因素，同时也考虑到了节约成本。大多数的人都会顺着你的话回答："是啊，真的很不错。"

再比如，你想约一个总爱迟到的人，可以使用"限制法"提问，将结束的时间提前告诉他。如果你跟对方说："傍晚 6 点老地方见好吗？"他很可能就会跟平常一样姗姗来迟。但如果你说："我晚上 7 点还有事情，所以我们就约 6 点在老地方见可以吗？"这样就能给对方时间压力，使其有意识地避免迟到。

提出的问题必须经过细心考虑，不可想到什么就问什么。

一位销售员在推销产品时与顾客进行了一场对话：

"今天天气还是和昨天一样闷热，是吗？"

"是啊！"

"听说最近通货膨胀、治安混乱，是吗？"

"是的！"

"现在这么不景气，大家赚钱都不容易了，是吧？"

"可不是吗？"

这一类问题看似拉近了两个人的距离，好像也营造出了融洽的气氛，不论推销员如何说，对方都会回答"是的"。可是，再看他问话的内容，全是消极、悲观的抱怨话。这种气氛会让顾客在听到他的询问后，变得心情沉闷，自然没法将兴趣集中在商品上。

想要使你的提问更容易获得肯定的回答，不妨在问题中暗示你想要得到的答案。比如，一位销售员发现顾客在某件商品展台前流连，便上前去问对方喜不喜欢，想不想买。比较内向的顾客很可能会排斥这种非常直接的问题，摇摇头走开。如果销售员这样问："您一定很喜欢，是吧？"对方一定无法排斥这样的问题。在对方还没有回答之前，销售员一边问一边点头，也会诱使对方做出肯定回答。

能够让对方说"是"的问法，总是需要结合一些心理学的技巧。有时不论你多么替对方着想，如果不能很好地传达，对方也不会为之所动。因此，你必须在你的问题中加入鼓励与暗示性的元素，让对方听着舒服，不自觉地顺着你的话说。

同一个问题，不同的问法

现在假设你不是一个独立的个体，而是一项重要项目团队中的一员。在这个仅有 5 个人的团队中，为了早日达成工作目标，你每天都要工作 12～16 个小时。此时，你愿意从团队伙伴那里听到什么样的问题？

小李："这周你的工作能完成吗？"

小王："本周 ×× 任务的最后期限到达前，你有什么需要吗？"

很显然，后一种问法会让你更愿意接受，同时你也会注意到"最后期限"的时限问题，从而调整自我工作进程。

小李的问题是封闭式的，它需要被提问人简单地回答"是"或者"不是"，而无须阐述详细内容或者表达任何的情感。虽然这样的回答可以给提问人肯定或者否定的答案，但是这却很容易激发起回答者的紧张感、怒气与防御心理。

相比之下，呈现出开放状态的小王便显得柔和而亲切了很多。回答这一问题时，提问人赞赏了被提问人已经完成的工作，并愿意为其提供进一步的帮助。这一答案肯定比"是"或者"不是"的答案更好，因为它寻求的是更有价值的信息输入——虽然你依然需要花时间完成手头上的任务，但是，现在你感觉自己被看成了对方的同事，被尊重、被欣赏了。

同一个问题，措辞略有不同，效果却相差甚远。举例来说，"卫生间在哪里？"和"在哪里有卫生间？"这两个问题意思完全相同，可是听者却听出了不同的意味，因此就有不同的答语。针对这一点，我们在平时沟通中必须特别留心。

否定式发问会使问题模糊不清。比如，一个女孩这样问她的男朋友："你昨天晚上喝了酒，所以没有回家吗？"她的男朋友也许喝了酒但回了家，也许没有喝酒却因为加班没回家。所以，这个问题无法用"是"或"不是"来回答。

再比如，有人问他的朋友："你觉得这个假期的电影不算没有好看的吧？"估计听者一时也想不出应该如何来回答这个问题，该回答"有"呢，还是"不算没有"呢？问题实在是令人费解。

年龄一直以来都是个敏感的话题，直接询问常常不能获得满意的答案。尤其是对于女士们，贸然询问她们的芳龄，很有可能会被认为是一种侮辱。

有位经验丰富的推销员常以这样的方式得知女士的年纪，他先问对方："你看我今年多少岁呀？"对方回答："30 岁出头吧！"推销员说："你猜得真准，我今年 32 岁。"然后，他故意把对方估计年轻一些："您呢，看上去比我要小很多，我说得没错吧？"对方很高兴地回答他说："哪里，我都快 40 岁了！"

不同的问法会左右你获得的结果。比如，你在公司例会中询问大家是否赞同你的提议，也许会发现同事们意兴阑珊，表示赞同的寥寥无几。其实很多人的心中并没有倾向赞同或不赞同，所以当你问"谁赞同"的时候，自然很少有人响应。这种情况下，你不妨问"谁不赞同"，也可能得到一样的状况。如果你想获得更多的赞同时，可以这样问："请反对的人举手，如果大家都不举手，那么这个提议就算通过了。"你会发现，几乎没有人明确反对你。

不同的问法会收到不同的效果。比如你在餐馆里点菜时，若问服务员："今天的基围虾新鲜吗？"这无疑是句废话，因为她一定会说新鲜，除非她与你很熟。而如果你换一种问法："今天有什么好的海鲜？"就会有不同的效果，服务员会听出你对她的信任，于是会将真正的美味推荐给你。

由此看来，提问技巧的确称得上是一门艺术。要想问得巧，就要掌握几种恰当的提问方式：

1.选择型提问

这是一种比较随意的提问方式，表明提问者并不在乎对方的选择。比如你到朋友家做客，但对方并不知道你想吃点儿什么，于是会问："今天吃什么？牛排还是三文鱼？"当然你可以选择其中一种，也可以选择吃或不吃。

2.限制型提问

这种提问方法有明确的目的性，被提问者拒绝的机会很小，一般都会帮助提问者获得理想的答案。当我们到咖啡厅点一杯咖啡的时候，侍者通常会询问是否需要加牛奶。我们可以选择加或不加，加哪种牛奶。而如果侍者不问你是否加牛奶，而是直接询问你加哪种牛奶，是普通的还是进口的，是全脂的还是脱脂的，如此一来，就将你的选择范围缩小了。

3.婉转型提问

有些提问需要花点儿心思，如果过于直白，就无法达到目的。比如一个男孩喜欢一个女孩，但他并不知道女孩对他是否有好感，又不想太过直接，于是会婉转地问道："我可以送你回家吗？"如果女孩察觉到男孩的心思，拒绝他的提议也不会让双方太尴尬。

4.协商型提问

假如你想要别人赞同你的想法，就该跟他用商量的口吻交流。比如你要为上司起草一份文件，待你把要求了解清楚后，不妨问一下："您看这样写是否妥当？"

巧妙地提问，正确的问法，可以减少听者的逆反心理，可以从他的回答中了解到更多有用的信息。恰当地提问，可以引导他人按照你的方向去展开谈话，按照你的思维方式去考虑问题，以达成你希望得到的结果。

提问时抓住技巧很关键

有一个名叫布丽安娜的女孩，她的第一份工作是在餐厅做服务员。原本信誓旦旦要做好服务工作的她，却在第二天被老板辞退了。其实她并没有做错什么事，只是在询问客人的时候，问了不该问的问题。那天中午，布丽安娜刚到餐厅不久，就有三位客人走了进来。她热情地迎了上去，并拿出了菜单，请客人点餐。第一位客人点的是黑椒牛排，第二位客人点的是意大利面，第三位客人点的是吐司比萨，但是，他特别强调要一杯啤酒，而且用干净一点儿的杯子。

很快，布丽安娜端着这三位客人所点的菜，一边朝他们的方向走来，一边大声地向这三位客人问道："请问哪位要用干净一点儿的杯子盛酒？"客人听了面面相觑。老板听了布丽安娜的这一句问话，当然会毫不客气地向她下了辞退令，因为她的问话使老板脸上很无光。

从布丽安娜的问法中，顾客很容易就能听出弦外之音，首先是这家餐厅的杯子不都是干净的；其次，这里的服务员素质不高，记性也不好。可见，学会提问也是口才训练中的一个重要内容，问得不恰当，会拉低一个人的整体形象。

要恰当、得体、有效地提问，就要掌握一定的提问技巧，而且运用提问的技巧要讲究效果。

你提出的问题一定要符合对方的年龄、身份、性格、素质等特点。你可以问一个男性："你在哪里工作？""收入不错吧？""家里有几口人？"这是男性聊天时很常见的话题，没有人会特别在意；但如果你这样问一个女性，就很可能被认为是打听别人隐私的不礼貌行为。

我们日常交际中，有热情直爽的人，同样有沉默寡言的人；有文静端淑的人，也有急躁蛮横的人；有高傲冷峻的人，也有谦虚低调的人；有诚恳真挚的人，也有狡黠多疑的人……针对不同性格的人，我们提问的方式也应当有相应的变化，或单刀直入，或迂回进攻，只有这样，才不会因尴尬而进退两难。

在问答过程中，我们提问的内容和方式，都会给对方的心理产生一定的影响，因此，提出问题时应注意对方的心理特点。提问人必须根据被问人的心理特点进行提问，这样才能达到提问的目的。我们在提问的时候，应该考虑到被问人的心理活动，比如我们去探望病人，就不应问："病情严重吗？是否会恶化？"对方正在为病情焦灼不安，这样问肯定会雪上加霜。

另外，如果问题问得不合适，被问人就会产生抗拒心理、回避心理和揣测心理，我们提问的目的便无法达到。

沟通中，提问一方在心理上处于主动地位，不仅能够决定对方说还是不说、具体说什么、然后怎么说，而且也决定了双方的交谈程序和交谈气氛。所以，提问也应注意目的，有针对性地提。提问的目的要与场合、氛围结合，气氛是冷淡或是融洽，对提问的效果有很明显的影响。

针对不同的目的，我们可以选择不同的句式和语气，使气氛舒缓或紧张，进而给被提问的人的心理带来不同的影响。

下面是针对犯罪嫌疑人的一段审问：

"你昨晚去没去会计室？""去过。"

"一个人还是几个人？""一个人。"

"去干什么？""偷钱。"

"偷没偷？""偷了。"

从此例可看出，严肃地提问可以制造紧张气氛，因此收到了较好的效果。

又如一位老人同她远方的小外孙在电话里的一次对话：

"冬天过得好吗？""好。"

"滑雪了吗？""没有。"

"你见到了许多小朋友吧？""嗯。"

"你爱吃巧克力吗？""爱吃。"

　　这样的问答听起来气氛沉闷，没有什么亲切感，但是老人只是想和小外孙亲近亲近，又不知怎样才能让他说话，只好接二连三地问一些相互间并没有什么联系的问题，这种闭塞式的提问，当然不会打开对方的话匣子，自然无法达到预期的目的。

　　提问前尽量考虑到如何由提问转到表达。有时人们提问的目的是要对方听自己表达，这就需要提前设定提问内容。

　　公交车上，一位中年人给一位妇女让座，妇女一声不吭就坐下了。

　　中年人问："嗯，您说什么？"

　　"我没说什么呀！"

　　"哦，抱歉。那是我听错了，好像听到您说了'多谢'呢。"

　　中年人的目的是引出自己后面对女方的批评，这样提问显得含蓄而又有心计。

　　一位口才专家曾说过，要使对方乐于答话，莫如挑他擅长的来询问。比如，一个人足球踢得好，你就可以问："听说你的足球踢得很好，你在球场上踢什么位置？"你的提问如同踢给对方一个足球，你以对方的特长发问，就像特意将球传到对方脚下，他当然乐意接住，进而畅谈不休。所以，有人把提问称为"谈话中的传球"，这一比喻是很恰当的。

当问则问，不当问则不问

　　问，贯穿于人与人沟通交流的始终，比如小到陌生人之间的寒暄，大到国家之间的磋商。从表面上看，问的重心在回答者的一方，所以难度也在回答者一方。事实上，把问题问到点子上很能考验一个人的说话能力。针对应该问的问题，你问到了，对方答得愉快，你自己听着也悦耳；针对不该问的问题，你问到了，别人尴尬，你也着急。所以，问还是不问，这是一个值得思考的问题。

　　那么，有哪些问题是该问的呢？首先，就是那些明知故问的问题。比如："听说你最近买了一个 iPhone，用起来很酷吧？""听说你最近又出了一本历史题材方面的书籍，一定很畅销吧？"事实上，你对自己所问问题的答案多少都会有所了解，但你还是想通过这种问的方式，让对方感觉到你很在意对方，从而赢得对方的好感。接下来，你们可能就会针对你问的这个问题展开更广泛的讨论，互相之间的关系也会更为融洽。

　　好奇心人皆有之，用对地方了，会让自己从中获益良多，但是地方用得不对，只会给自己带来麻烦，比如控制不住自己的好奇心，问一些不该问的问题。我们都知道，在社交场合，男女各有自己的谈话禁忌，如不问男士工资，不问女士年龄。如果你只是为了满足自己的好奇心，一味追问，只会招致对方的反感。

在社交场合，问错了问题，或许只会造成一个尴尬的局面，但是在商场或市场，问错了问题，就会直接带来经济上的损失。

有一天，一家跨国公司北美营业部的 CEO 弗雷德在和一个朋友聊天，突然他情绪激动地咆哮道："我真想把他们从我的办公室里扔出去！"

朋友疑惑不解，问道："什么事让你如此烦躁？"

"凡是你能够说得出名字的公司，"弗雷德告诉朋友，"包括 IBM、麦肯锡、高盛，他们总是试图向我兜售自己的产品。"

弗雷德以前是一家世界著名银行的首席信息官（CIO），每年都会有成百上千的销售员给他打电话。弗雷德很聪明，也非常强硬，容不得任何愚蠢的行为。

"你真的把他们扔出了你的办公室，还是说开个玩笑？"这位朋友问他。弗雷德回答："我没开玩笑，因为他们问了一个十分愚蠢的问题。"

"什么问题？"

"是什么让你彻夜失眠？"弗雷德摇了摇头，继续说道，"太过分了，怎么会有这么可怕的问题，陈词滥调，没有一点儿新意。我觉得只有天下最懒惰的销售员才会问这样的问题，但事实上，似乎每一个销售员都像统一培训或者提前商量好的一样，都在问我这个问题。"

"这样的推销方式对你不管用？"朋友问道。

"是的，一点儿用都没有，而且对任何人都如此！"

毫无疑问，任何想让弗雷德成为自己客户的销售员都不能从类似的问题上收获半点儿益处，因为只要一开口，就会被对方"扔出"办公室。

人们常说"路边的野花不要采"，同样，不该问的问题也不要碰。下面就是人们根据经验总结出来的不宜问的问题：

1. 别人的隐私

每个人都会有自己的隐私，比如工资、存款、年龄、夫妻感情、不愿公开的工作计划或者一些之前发生的丑事等。询问隐私本身就是一种不太礼貌的行为，如果不加克制，势必会激怒对方，造成冲突。因此，在你向对方提问之前，应先在脑子中过滤一下，看这样的问题是否会涉及对方的隐私，如果会，那就不要问。

2. 对方不知道的问题

如果不确定对方是否有能力回答你提出的问题，那么就要慎重一些。比如你问一个地方官员去年全国发生的乙肝病例是多少，他就可能回答不上来。回答不出你提出的问题，对方没面子，你也会感到不好意思。

3. 同行的状况

俗话说："文人相轻，同行相忌。"在市场经济环境下，竞争日趋激烈，人们往往不愿将自身的经营状况与竞争对手过多交流。问这样的问题，势必会让对方尴尬。

另外，在问别人问题时，还要注意不要"打破砂锅问到底"。在老师眼里，那些"打破砂锅问到底"的学生大都有着炽热的求知欲，学习成绩一般也不差，所以老师也鼓励学生这样去做。但踏入社会或者换个场合之后，这种行为不见得就是好的。比如你问对方是哪里的，对方说"广州"，接下来就不要再问了。如果对方想说，他自然会说得更详细，之所以没说，是因为不想让你知道得太详细。所以，问问题要适可而止。

总之，在与人的交往过程中，要时刻谨记该问的问，不该问的不问。要知道，谈话是为了让双方都产生兴趣，而不是为了维护一方的兴趣。

装装"糊涂"来个模糊应对

在日常生活中，难免会遇到自己不想回答或者不方便在公众场合回答的问题，如果当面拒绝，会很没礼貌，而且显得自己缺乏教养。此时，如果采用模糊应对的技巧，既能礼貌答复，也不会给沟通造成障碍。

2014 年 6 月，李克强总理到英国进行访问，当时正值英国就苏格兰独立问题进行公投。

在记者招待会上，有位英国记者就这一事件开门见山地问李克强总理："请问李总理，您是支持苏格兰继续留在联合王国呢，还是赞成它成为一个独立的国家？"

李克强总理想了一下，说道："我尊重英国人民的选择，也希望贵国能够继续保持繁荣和稳定！"李克强总理巧妙的回答赢得了台下一片掌声。

在那样的环境下，李克强总理无论说支持哪一方，都不太合适。所以，李克强总理采取扩大概念的方式，表示尊重英国人民的选择。也就是说，不管哪一方，在公投前都属于英国人民，结果如何，都是英国人民的选择。李克强总理的这种回答方式，既表达了自己的立场——尊重英国人民的选择，也合乎外交礼仪的规范，可谓恰到好处。对于一些不好回答的问题，不妨扩大外延，制造模糊的概念，往往可以避开问题的核心，又不失礼节。

刘昌毅将军是许世友的下属，打仗勇猛，酒量更是过人。在中国对越南的自卫反击战前夕，他被许世友叫过去，心里面已经在揣摩着可能要去前线打仗了。见面后，许世友啥也没说，直接拿出三瓶茅台，问他敢不敢喝。

刘昌毅还没搞明白怎么回事，便大声地说："当兵的从来没有敢不敢，只有该不该。硬仗我已经打得不计其数了，死都不怕，还怕喝酒吗？我连命都可以舍掉，还会舍不得酒吗？"

听完刘昌毅这段慷慨激昂的陈词，许世友大笑着拍了拍他的肩膀，说道："我是怕你年龄大了，没了锐气，现在看来，你还是从前的刘昌毅。我马上要上前线了，你来给我当副司令吧！"

一开始，刘昌毅不明白许世友拿酒的意图：如果是用酒来测他的锐气，那么不喝显然不妥；如果是想看他是否贪杯，那么喝了肯定坏事。刘昌毅没有给出明确概念，而是模棱两可地把"敢不敢"的问题转化为"该不该"，既表达了自己的决心，也赢得了许世友的认可。有时候，拿不准对方的意图时，就要模糊应对，为自己留余地。

贵为世界级的豪门望族——罗斯柴尔德家族以低调、神秘著称。一次，第六代掌门人大卫·罗斯柴尔德接受独家专访，主持人问他："有人说，罗斯柴尔德家族依靠累积的声望和影响力，只和政府做大生意，你觉得这样说准确吗？"

大卫笑着说："我们家族确实有一个祖训——一定要和国王一起散步。不过，现在的国家都不再是国王的了，对吗？"主持人听后，觉察到对方不想谈这个话题，就转向了另外一个话题。

面对主持人的问题，大卫如果说"是"，那么肯定会让外人觉得他们家族攀附权贵；如果说"不是"，一时半会儿又无法扭转人们的固有印象，反而会激起更大的讨论。他很明智地用一句模棱两可的话作为回复：确实有祖训，但时代变迁，今非昔比了。貌似回答了问题，但对方并没有得到想要的答案。

由此可见，把握对方的心理，掌握"难得糊涂"式的谈话方式，在日常的人际交往中就显得十分重要和必要。因为这种方式既可以挽回提问者的面子，又可以巧妙地化解自己的尴尬，让你的回答充满"人情味"。

在社交场合中，如果当某个话题让谈话双方变得对立，而且正常的交流已经无法进行的时候，这时你可以就地取材，选择一些比较轻松、愉快的话题来取代之前的敏感话题。暂时把大家带出紧张氛围，既能活跃气氛，转移大家的注意力，又能将之前的敏感话题淡化，使之前对立的场面重新被调动起来。

在朋友之间因为某个话题而争得面红耳赤的时候，如果你故意忽略矛盾的根源，来一句"要把这个问题争明白，比赢球还要难"，这样就可以轻松地转移大家的注意力，让气氛缓和，使接下来的交谈顺利进行。

在社交场合中，交际的双方因为彼此的语言或行为而造成一些误会，导致尴尬局面的出现，这种时候我们不妨装作不明白的样子，从另一个方面进行解答，从而改变尴尬局面，使气氛缓和。

有些人常常会在一些场合做出一些不合常理的举动，使大家陷入窘境。这种情况下，最好的办法就是找出一些合理的解释来证明那些不合常理的举动在这种情况下是可理解的、无可厚非的。这样既化解了尴尬，又能使别人对你产生好感。

如果我们所说的话涉及原则问题，就应该严肃一点儿，态度明确一点儿。如果不涉及原则，只是社交礼仪上的需要，就要避免正面回答所造成的尴尬或者拒绝回答带来的难堪。当然，这种模糊应对的方法也要看时机、分场合，该用则用，不该用则弃，否则会给人一种不真诚的印象。

找个"借口"摆脱难题

如果我们不自我设限，就会发现这个世界上能借的东西很多，包括他人之口。有时候，自己想获得一个信息，直接问太唐突，间接问太麻烦，不问的话，心中的焦虑又无处释放，所以此时最好的办法就是借他人之口，解自己之困。

高琳在一家外企公司给总经理当秘书。一次和总经理到外地见客户，谈一个很重要的项目。本来说好的两天的谈判，结果一个星期都快过去了，还是不见任何结果。为了获悉谈判进展，同时也为了提前安排总经理的日常工作，高琳便想确认一下何时返程。不过，高琳觉得如果直接问总经理的话很不礼貌，便想出一个好办法，她对总经理说："酒店服务台刚才打来电话说有预订机票的优惠服务，问我们是否需要。我们要不要现在回复？"总经理思考了一下，说："问一下他们能不能订明天的票。"这样一来，高琳心中有数，就开始有条不紊地安排起返程的工作。

高琳借用"酒店"之口来问自己想知道的问题，避免了贸然催促总经理而带来的不快，不得不说很高明。借他人之口，听者不易发现你的目的，而你也无须有什么避讳之处。这种方法看似简单，但如果处理不好，难免会出现疏漏，弄巧成拙。

向某些名人或者身份特殊的公众人物直接提问可能会冒犯对方，此时可以借用一些宽泛且模糊的"大家""我们"来发问，比如："大家想知道……""你能不能给我们解释一下？"这种问法会给对方造成一种印象，即这些问题不是我想问，而是大家想问，不是我想知道，而是我们想知道。这样既显得亲切，被问者也会考虑到自己的话不是说给某一个人听，而是给一群人听，因此讲起来也会更给力。当然，既然是借大家之口，就要问一些意义重大、关注度高的公共问题，而不能问一些只和自己有关的问题。另外，既然是公众人物，就要顾及人家的隐私，不能问过于粗俗或与主题无关的问题。

工作的时候，难免会与不同部门、级别的人打交道，自然会遇到某些比较势利的人。遇到问题，如果以自己的名义向对方发问，比如，你问另一个部门和你级别差不多的同事工作报告准备得怎么样了，而此人正好就属于那种比较势利的人，他很可能不会正儿八经地回答你。相反，如果你说："小刘，主任让我来问问，你们的工作报告准备得怎么样了。"这样一来，他就会重新审视你的问题，并做出严肃的回答。因为一旦你这样问，你的身份就发生了转变，由"办事者"变为"传话人"。这样即便他再怎么看你不顺眼，也不会违背主任的意志。虽然有时候借用上级领导的头衔会显得官腔十足，但关键时刻，它往往能起到奇效。

有些问题不方便直接问，但又没有现成的他人之口可借时，不妨找一个和此问题不相关的人来问。比如，你是一位未婚女士，想向朋友咨询一些妇科方面的疾病，为了不让对方知道自己的隐私，不妨借一个"朋友"之口，说："我有个同学……"当然，你说的这个同学根本不存在，但这不重要，重要的是你从朋友那里获得了你想要的信息，而朋友也不知道你是在咨询自己的问题，自然不会暴露你的隐私，日后也会省去很多麻烦。

用幽默反击野蛮无理

与别人交流时，难免会遇到一些野蛮、无礼的人对我们进行斥责和羞辱。很多人都会选择"骂回去"，以此来捍卫自己的尊严，甚至会"打回去"以彰显自己"人不犯我，我不犯人"的"态度"。

但是，急于回击别人的无礼，损失最多的是你自己，而不是那个羞辱和斥责你的人。因为如果你以无礼回击别人的无礼，外在表现也是低俗、野蛮的，这样就会破坏你原来在他人心目中努力塑造的好形象，严重的将会使自己的人际关系面临危机，得不偿失。

其实，面对一些傲慢无礼的人，最好的反击方式就是幽默。

小张是一个个头儿只有160cm，长相、能力一般的小伙子。但是，他却娶了一位貌美如花的"学霸"小刘回家。对此，许多同事都很嫉妒，心里不服气，明里暗里地挖苦他。

有一次，小张和他媳妇及一伙同事一起吃饭。席间，有一位一直看不惯小张的同事，想让他出出丑。但他无法从小张身上找到突破口，就想把目标转移到小张的媳妇小刘身上。

那个同事故意以敬酒为由笑嘻嘻地向小刘发难道："嫂子，我知道你是个学霸，个子又高。你嫁给这个矮胖小子，就不后悔吗？不知道小张究竟对你用了什么样的手段，把你忽悠住了。你到底图个啥呢？"

因为他认为这个问题很难回答。如果回答是"因为爱情"，大家肯定会笑话她"假清高"；如果是别的原因，则会让小张出丑。

没想到小刘想都没想地回答道："就图小张的个头儿呀！"

听了小刘的话，大家都面面相觑。小刘此时话锋一转，接着说道："马云也不高啊，所以浓缩的才是精华啊！"

一句话将那个挑事的同事"噎得半死"，悻悻地将杯中的酒一饮而尽。从此以后，再也没有同事取笑小张了。

小刘就是一个会说话的聪明人，懂得用幽默进行反击。她首先顺着那个同事的话说是"因为老张的个头儿"，让那个同事以为小刘掉进了自己设计的陷阱。当他正在得意忘形之际，又用"浓缩的才是精华"进行反击。

因为凡是取笑小张个头矮的人，肯定会以自己的身高为自豪。小刘搬出马云个头儿矮却人人都敬佩的事实做靠山，既证明了个头儿矮的人才会有一番大的作为，又暗讽了那位同事空有一副大块头，让那个发难的同事

"搬起石头砸自己的脚"。

其实，运用幽默的话语进行反击，就是要像小刘那样，表现出一种"压力下的风度"，礼貌地"以彼之道，还施彼身"。

多多今年刚刚 10 岁，但是在外语上却表现出惊人的天赋，他的妈妈也常常引以为豪。

一次，多多跟着他的妈妈去一个朋友家玩。恰巧那个朋友家有个比自己大几岁的少年正在做英语试卷。多多见那个少年看了半天也没有写出正确的答案，出于好奇，就瞄了一眼英语试卷。不一会儿，他就报出了正确的答案，在场的人都惊呆了，大家纷纷夸赞多多聪明。

那个男孩看自己被一个比自己小的人比下去了，就很不服气地讥讽道："小时候聪明的人，长大了不一定有用！"

没想到多多回答道："那哥哥你像我这么大的时候，肯定很聪明啦！"

惹得满屋子的人都哄堂大笑，那个讥讽多多的少年也窘得羞红了脸。

多多正是借用了少年的话"小时候聪明的人，长大了不一定有用"，反击"你像我这么大的时候，肯定很聪明啦"，表面上礼貌风趣地夸奖那个少年，实际上是暗讽他现在很笨。这一招"以彼之道，还施彼身"，巧妙地把少年抛来的"炸弹"又给他扔了回去。

生活中许多人运用幽默来反击他人的无礼，得到了比直接反击更有力的效果。许多名人、演说家，也将幽默作为自己反击他人的"宝典"。

美国著名作家马克·吐温，在没有成名的时候去参加一个宴会。宴会上他与一位女士坐对面，出于礼貌，他说了一声："您真漂亮！"没想到

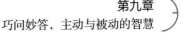

那位女士却高傲地讽刺道："可惜我没办法同样来赞美你！"马克·吐温说："没关系，你也可以像我一样，说句假话就行了！"

那位女士听了马克·吐温的话，羞愧地低下了头。

马克·吐温表面上赞同女士对自己的侮辱，推翻自己夸奖女士的话，实际上就是在说那位女士也不值得人赞美。可谓借那位女士的话，反击了那位女士，反击的最大力度也不过如此吧。

所以，懂得说话艺术的聪明人，永远不会直接用一些侮辱性的语言来反击他人的无礼，让自己给别人落一个"素质低"的把柄。他只会运用幽默的话，间接地回击他人，既表现出自己的大度，又能让自己的反击效果成倍增长！

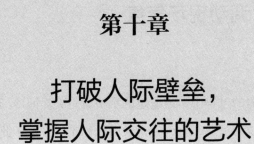

第十章

打破人际壁垒，
掌握人际交往的艺术

打破沉默，调动现场气氛

在与他人交流的过程中，最尴尬的事情就是突然间冷场，彼此相对无言。这种无话可说的沉默，让人觉得最尴尬和难堪。对于此情此景，是让沉默和尴尬继续下去，还是赶紧想办法打破沉默，没话找话说呢？作为社交高手，你当然知道应该没话找话说，只有打破难堪的沉默，才能让谈话氛围渐渐调动起来，变得热烈而又真诚。

从某种角度来说，没话找话说是一种艺术，很多喜欢搭讪和聊天的人都喜欢没话找话说，真正善于聊天的人也都非常擅长没话找话说。这两者有着本质的区别，喜欢没话找话说的人不一定能成功打破尴尬的沉默，擅长没话找话说的人即使在难堪的沉默中，也能成功调动大家的谈兴，让交谈变得兴致盎然。

实际上，没话找话说是有技巧的。在对方逐渐冷却的谈兴面前，你必须找到最佳的话题，才能成功激起对方的谈兴。否则，虽然你万分努力，但是对方却不以为然，甚至对你费尽心思才找到的话题充耳不闻，岂不尴尬？不可否认的是，任何交谈都要以话题为媒介。如果没有合适的话题，即使再健谈的人，也无法让谈话气氛热烈地进行下去。我们只有勾起对方的谈兴，才能调动谈话的氛围，让谈话更加热烈，让参与交谈的人更加真诚和投入。

通常情况下，最新的热点话题是比较保险的交谈选择。这是因为最新的热点话题通常不涉及具体的人和事，因而无须担心会招致对方不悦。此外，时事话题也是可以信手拈来的。作为现代社会的知识青年，大家一定都很关心时事新闻，也会及时了解各种国家大事。当然，这是从广阔的角度来看，如果从个人的角度出发，倘若你足够了解对方，则说些对方感兴趣的人和事也是不错的选择。每个人都有自己的兴趣所在，当你投其所好，向对方伸出橄榄枝时，对方一定也会马上做出回应，甚至热烈响应。总而言之，冷场时所提出的话题，一定要竭力避免封闭性，否则当话题再次很快短路时，等待着我们的将会是更加尴尬的沉默。

这次相亲，夏夏根本不想来，是妈妈逼着她来的。妈妈每天面对已经三十二岁的夏夏，简直心急如焚，生怕夏夏变成没人要的老姑娘。实际上，夏夏只是一直没有遇到合适的人而已。她早就暗暗下定决心，只要心目中的白马王子出现，她一定立马就把自己嫁出去。

周日上午十点钟，夏夏准时出现在约定的咖啡厅。早上喝咖啡，这似乎有些别扭，毕竟这是个应该睡懒觉的上午。当夏夏接近那个预订的座位时，远远地就看到一个英俊帅气的面孔，她不由得在心里暗暗祈祷："希望他有一米八高，能够搭配得上我的身材。"此时此刻，夏夏早已忘记自己是被妈妈逼着来的事实，一味地只祈求这个看起来很有眼缘的男性是她的真命天子。果然，走到近处时，夏夏看到了对方的大长腿，心中不由得暗暗舒了口气：嗯，就凭这双大长腿，一定也是个高大帅气的美男子。看到夏夏来了，那位男士站起身来表示迎接，哇，足足比一米七的夏夏高了大半头，看来至少一米八五。终于遇到了这个看起来很合眼缘的人，原本性格活泼就像男孩子一样的夏夏突然间沉默了，而且满脸通红，她居然害羞了。

看到夏夏的样子，男士也有些尴尬。过了足足一分钟，他才问夏夏："你想喝点儿什么？"夏夏头也不抬地说："卡布奇诺。"男士喊来服务员，为夏夏点了一杯卡布奇诺，还体贴地点了一块巧克力慕斯。夏夏惊讶地问："你怎么知道我喜欢吃巧克力？"男士笑了，说："你和我妹妹一样喜欢喝卡布奇诺，所以我想你也许和她一样喜欢吃巧克力慕斯。这家咖啡店的慕斯很好吃，你应该会喜欢。"夏夏问："你还有个妹妹！她多大了？"看得出来，男士平日里一定很疼爱妹妹，因为他开始滔滔不绝地讲述关于妹妹的很多事情。夏夏听完他的讲述，不由得笑起来："你一定是个好哥哥。"男士笑了，说："我相信凭着我和妹妹相处的经验，我也会是一个称职的男朋友。""那可不一定，能够满足妹妹的疼爱，未必能让女朋友也满意。""当然，但是对女朋友却一定要有对妹妹的疼爱。你呢？你有兄弟姐妹吗？"就这样，话题从卡布奇诺到男士的妹妹，再到夏夏的情况，非常自然，他们相谈甚欢。分别时，他们相互留下了联系方式，并且约定下个周日老时间依然在咖啡馆见。

相亲，对于从未有过这种经历的人而言，一定觉得是非常尴尬的。尤其是当两个原本陌生的人都很不健谈，甚至不知道应该说些什么的时候，那难堪的沉默简直让人心跳加速，不知如何是好。然而，只要其中有一方能够没话找话说，提出一些恰到好处并能够激起对方谈兴的话题，尴尬的沉默马上就会结束，甚至会让彼此都相见恨晚，谈到分手时依然意犹未尽。

现实生活中，我们经常面对这样的沉默，或者是陌生的，或者是尴尬的，总之不是那么让人愉快的。我们唯有掌握没话找话说的技巧，成功打破沉默，才能让这一切都迎刃而解，也才能帮助彼此顺畅地交流。

搞清位置，才能不闹笑话

不管是什么酒宴，都会有一个"做东"的，即一个掏钱吃饭的主家。这位主家安排了大家聚在一起喝酒聊天，一定有一个自己的主题，也就是此次宴会的目的。你在赴宴时首先要摆正自己的位置，不要在觥筹交错间大放厥词，忘了自己只是一个"陪酒"的配角。即使大家都没有明说，落座之后也应先大体看一圈各位的神情态度，做到心中有数，把握说话的"火候"，不要单纯地为了喝酒而喝酒，扰乱宴会主人的计划，辜负了主人对你的信任，伤了彼此的感情不说，在别人的眼中，你也只是一个哗众取宠的酒徒，即使大家碍于面子不当即表现出来，心里也不愿意再与你这种人交朋友。

老周10岁的儿子想学钢琴，老周非常支持，他也希望儿子能有个艺术特长，学得好的话，将来还有利于升学和发展，所以希望找个好点儿的钢琴老师来教孩子。他听说同事大刘跟当地一位有名的钢琴老师吴老师是亲戚，就想着让大刘给拉拉线，攒个局，请那位吴老师出来吃个饭，看能不能请他收儿子为"徒"。

精心准备了几天，吴老师终于答应在周五晚上一起吃饭。

这天老周早早来到了饭店，喊了大刘、小齐、老张等几个酒场高手，想着一定要把吴老师陪好，把事情办成了。

本来彼此见面，互相介绍，嘘寒问暖，觥筹交错间，大家交谈得非常愉快。但是，可能是大刘好多年没有与这位远房亲戚走动了，这期间也发生了许多事情，一时感慨，就不免多喝了几杯，而几杯酒下肚后，大刘说话就开始有些把持不住了。

从自己之前如何风光，到现在工作调动，不受老板的重视，甚至自己跟老婆、亲人间产生的家庭矛盾，大刘都一一向众人说明，别人想插嘴都插不上。他越说越激动，说到动情处还不免鼻涕一把泪一把地向吴老师诉苦。

老周见状非常着急，毕竟自己的正事还没有办呢！可是，每当老周端起酒杯想向吴老师敬酒，表达自己的所求时，总会遇上大刘的各种状况。不是他跟其他人大声嚷嚷，就是他借着酒劲，目光迷离地指着老周说："不懂，老哥你真不懂，兄弟我这几年过得憋屈呀！"

其间另外一个陪酒的小齐多次提醒大刘说话注意点儿，并且尝试以"出去抽烟"为借口，拉大刘出去。可是，此时喝醉酒的大刘又怎么能听得进去呢！

无奈，老周最后只好草草地结束了宴席。在送走其他同事的时候，老周气愤地说："大刘那个样子像什么话！拉家常诉苦也不该在这种时候呀！我咋就这么傻，还妄想让大刘这个酒鬼来帮我当说客呢！好好的事情让他给我搅黄了！唉，从今以后就当我从没交过他这个朋友！"

大刘正是由于在酒桌上充大，不懂得酒桌上说话的礼仪，哗众取宠，喧宾夺主，搞砸了主人的酒局，让朋友对自己的信任变成了失望，才失去了老周这个朋友；同时，他在酒桌上的大放厥词也让其他人脸上无光，非常尴尬！

殊不知，他在酒桌上这样说话，失去的不仅仅是老周这一个朋友，俗话说"酒后吐真言"，大家见到他酒桌上的表现，一定都认为他是个自私、狭隘，又怨天尤人的弱者。这样的人，大家又怎么会跟他深交呢？他失去的可是一大批想跟他交心，或者正打算跟他交心的潜在朋友。

酒桌上说话，一定要明白谁才是"今天的主角"。一般都是主人最大，要首先跟请客的人打招呼，毕竟老话不是说"吃人家的嘴软，拿人家的手短"吗？如果你是被别人"顺道拉过来的陌生人"，那么在开口之前一定要先打听一下主人的身份或是留意别人如何称呼，或者是用心观察，做到心中有数，避免出现尴尬或者伤感情的局面。

再者，如果你要中途离开，千万不要和谈话圈里的人一一告别，你只需悄悄地和身边的两三个人打个招呼，然后再跟主人说一声，即可离去。千万不要拉着主人聊个没完，占用主人过多的时间，导致其他人被晾在一边；或者一一询问认识的人要不要一块儿走，这样的话本来热热闹闹的场面，被你这么一鼓动，一下子便提前散场了，这时主人就会很没面子。你一定要学会先摆正自己的位置，自己不是"主角"，离场不必惊动所有人。

总之，不管你是参加正式的或者是非正式的酒宴，也不管是你的朋友邀请，或者是上司要求，酒桌上开口说话之前一定要细心观察，做到心中有数。只有适时地充当一个衬托他人的绿叶，才能让自己成为一个有风度的人。

熟知餐桌礼仪，有备无患

我国有几千年的"酒文化"，喝酒在人们的社交中占据着重要位置。酒作为一种日常交际用品，在待客、聚会、沟通中，发挥着独到的作用。酒桌上的局势变幻莫测，古有"杯酒释兵权"，现代社会也有在推杯换盏间就已经走马换将的事例。酒过三巡，菜过五味，在酒酣耳热之际向上司说几句情真意切的话语，也许升职加薪就指日可待；与合作伙伴吃饭，夹菜喝酒，热情友好，也许就能财源滚滚。

酒桌上说话的技巧关乎一个生意的成败，甚至会影响到一个人的一生。应对酒局，懂得酒桌上的礼仪者智，能言会言者胜。因此，要想掌握说话的主动权，在吃喝间赢得人脉，就要学会在酒桌上如何说话。

蔡阳是一个营销专业的应届毕业生，前几天刚刚被分到自己梦寐以求的电子公司做实习生。蔡阳非常珍惜这次机会，希望实习结束后能留在公司的营销部门工作。

这天，公司安排了实习生与正式员工的交际酒会，以方便大家沟通，联络感情。

席间，他的座位与后勤部许主管的位子紧邻。可能是初次参加这样的酒会，他的心里有点儿紧张。跟大家敬酒做完自我介绍之后，蔡阳就与邻座的张经理讲起了之前他在网上看到的一些笑话，也可能是两个人都怕打扰到大家，所以说的声音比较小。而且由于交谈得太过投入，就连人事部门的经理向他举杯问候都没有听到。

"小蔡同志，你跟许主管说什么小秘密呢，不妨大声说出来跟大家分享一下！"经理似有愠色地问。

"没有，没有，就是说了一些无关紧要的小笑话。"蔡阳惶恐地回答。

"嗯，你很谨慎。"经理听了蔡阳的解释，似笑非笑地说。

但是，第二天，蔡阳发现大家对自己疏远了许多，似乎做什么事情都有意躲着自己。蔡阳心里纳闷，就找到了平时跟自己关系比较好的一个老员工，向他请教。

"不是我说你，昨天酒会，你不该跟许主管在那儿窃窃私语。"那个老员工语重心长地说道。

原来，那个许主管人称"笑面虎"，总是说一套做一套，经常在老总面前打小报告。大家都害怕自己有什么小辫子被那个主管抓到，位置不保，就连人事部的经理都差点儿在他那儿吃大亏。那天蔡阳跟许主管在那儿谈得那么投入，大家还以为蔡阳是他培养的"小爪牙"，生怕自己有什么错被抓住，所以才不敢跟蔡阳走得太近。

蔡阳就是由于不懂得酒桌上说话的礼仪，才会引起大家的误解。

试想一下，如果大家都在兴高采烈地互相寒暄介绍，只有你跟周围的人在那儿小声嘀咕，说到高兴处还忍不住放声大笑，或者时不时地抬起头看看别人，那么被看的那个人会怎么想？他就会想：难道是我今天穿的衣服不合体？还是我脸上有菜叶子？或者是我哪句话说错了？过后心里肯定会不舒服，觉得你不尊重大家，别人在你眼里或许就是个笑话，这将直接影响到你的人缘。

喝酒聊天，肯定宾客都比较多，有熟悉的，也有不熟悉的。如果此时你与邻座的人窃窃私语，那样就会给别人一种神秘感，往往让人产生"就你俩好""你俩在议论别人"的感觉。

另一方面，人们往往会把喝酒聊天跟利益联系起来。如果在酒桌上你与一个人贴耳私语，也许别人在脑海中就会将你这个人进行"过滤""站队"，或者是求同排异。不管你愿不愿意，对方在心里已经跟你划清了界限。这对于你是没有任何益处的。

因此，不管是亲朋好友聚会，还是同事之间的沟通交流，要想做一个大家都欢迎的人，酒桌之上一定不能窃窃私语，有什么话都要放到"台面"上来讲，有什么难题也可以说出来让大家一起给你出出主意。酒桌上想要获得大家的认可，你首先要表现出自己的君子风度，尊敬别人，才能让大家都喜欢你。

巧用"祝词"为社交增色

酒场如战场，是展示个人实力的一个竞技场。特别是与上司一起喝酒时，一个妙语生花、言谈幽默的人往往能够获得老板的青睐，而一个语无伦次、漏洞百出，甚至是"三脚踹不出一个屁的人"只会让上司小看，又怎么能指望他重用你，把你安排在重要的岗位上呢！

小庄是一个刚毕业的大学生，入职的第一天晚上，公司里举行了一个盛大的欢迎晚会。公司总裁、总经理、副总、各部门的经理都参加了这个酒宴。

酒席上，大家纷纷向各个部门主管敬酒，小庄坐在角落里，可能是第一次参加这种盛大的场合，有点儿不知所措，也有点儿害怕。所以，只有在自己所在部门的经理主动跟他碰杯时，他才笑笑地端起了酒杯。在后面的过程中，他都默默地吃菜，默默地喝水，全程都没有站起来跟其他部门的经理或者同事敬酒。后来吃完要走的时候，大家都完全当他不存在。

第二天，他的经理闲聊的时候问他："昨天晚上你怎么没跟咱们的总裁、总经理、副总他们敬酒呢？"

小庄不好意思地说："不是我不想，第一次见到这么多上司，我不敢！"

经理听了后鼓励他："没关系的，大家都是同事。下次不要那么拘谨，放开点儿！"

过了几天，又有一个饭局，几个部门的主管说来一杯。有了上次的教训，小庄心想：我可不能再像上次那么胆小怕事了！

于是在轮到他敬酒的时候，只见他端起酒杯，站起来直接来一句："我敬各位主管一杯。"顿时满桌子的尴尬。

幸好当时他的主管也在，赶紧替他打圆场说："要不这杯酒就当作你一个小辈的自我介绍吧！"还好，别的主管也没太在意，气氛才慢慢地缓和下来。

后来又过了两个月，他的经理陪几位重要的客户吃饭谈生意，临时让他来送一份资料。对方出于礼貌就让他坐下来喝一杯，没想到小庄上来就是一句："我不太会说话，也不会喝！"

小庄走后，对方客户跟小庄的经理调侃道："您这么英明的上司，手下怎么还有这号人物！"

没过几天，公司就以他不适合该工作为由，将小庄辞退了。

由此可见，想要在上司面前"出彩"，一定要懂点酒桌上的祝酒词，拿出点儿自己的实力。

黄刚是一位卖自动门的业务员。他博学多识，反应灵敏，很受大家的喜爱。

有一次，经理和他被老板临时叫去陪客户喝酒。席间有一个年龄比较大的客户跟黄刚喝酒，可能是客户嫌站起来碰杯太麻烦，就对黄刚说："大兄弟，咱俩就别这么客套了，就这样坐着干一杯！"

黄刚听后接话道："您看，按年龄说您是我的长辈，按地位您又是我的上司，不管从哪方面说，我都不能和您平起平坐。即使大家嘴上不说什么，也该觉得我太不懂规矩了，这酒必须是该我给您端一个！"说完，就站起来双手为那位客户端上了一杯酒。

看到黄刚的做法，对方直夸黄刚会说话，能干大事。

还有一次，经理为一位重要的客户刘总添酒，可能是经理一时正在思考事情，恍了下神，就没有把酒给客户添满。

那位重要的客户似有不满地说："咱们公司就这么穷吗？喝个酒也不给我添满！"

经理一时语塞，不知该如何回答。黄刚见此情况解释道："刘总，我们经理没给您倒满是希望您'美满幸福'！"

那位刘总继续不依不饶地说："'美满幸福'什么，我还没媳妇呢！"

黄刚接着又说："面包有了，牛奶也会有的。嫂子呢，就更不用说，不久就会有的，这'美满幸福'就是个征兆！"

一句话逗得那位刘总哈哈大笑，直夸黄刚"贼头"。

饭后，经理在感谢黄刚的仗义之时，还竖起大拇指称赞道："没想到小黄你还有这本事！"

从此以后，不管经理去哪儿陪客户，都拉上黄刚，黄刚不久也由中级业务员升上了高级主管的职位。

有人可能会说："我最讨厌酒桌上阿谀奉承、花言巧语的人了。"但是，酒桌上会说话，也是一种能力。

喝酒时发言越靠后，就越需要自己的语言有个性和特点。那些常规祝福语前面的人都说了很多了，再说就重复了。这时，就需要你的发言比较幽默，视角独到，让大家耳目一新，在语言创新的同时，又不脱离祝福的主题。

所以，一个才思敏捷的人，总是懂得在酒桌上用一些巧妙的祝酒词来展示自己的实力，让上司看到自己价值的同时，又能博得满堂喝彩。

觥筹交错杯莫停，口不择言可不行

在日常工作、生活中，经常有一些朋友聚在一起喝酒聊天，缓解一下工作和生活的压力，联络一下彼此的感情。酒宴之上往往需要一些谈资来助兴。但是，有的人总爱讲一些扫兴的话，搞得大家都不开心；有的人会认为酒桌上百无禁忌，但其实可能别人就有许多言谈禁忌，不注意这些，就可能会得罪对方。

小陈是一个刚参加工作的二十多岁的小伙子。一次中午吃饭，老板说下午没什么事，就提议中午到外面喝点儿酒。

一行人就近找了家小餐馆，点了一瓶白酒，开开心心地喝酒聊天。中间有道菜是黄瓜蘸酱，这里的酱是黏糊糊的那种，可能是小陈的家乡没有这种酱，也可能是头一次参加这种酒局，没有经验，小陈上来就是一句："这酱怎么没有豆啊？黏糊糊的，是不是不干净啊……"

被他这样一说，大家顿时没有了食欲，有几位女同事连别的菜也不吃了，只在那儿干喝水，场面非常尴尬。

还有一次同学聚会，步入社会之后的大家都在谈论自己遇到的各种新奇的事物。当然，在感慨社会多样化的同时，大家也偶尔调侃一下自己在大学里做过的那些"蠢事"。

只有小陈，一会儿问问这个同学在哪里任职，工资待遇怎么样；一会儿又说谁谁的行业没有发展的空间，应该赶紧跳槽。刚一开始，大家出于礼貌，还象征性地回答几句，后来大家干脆都不搭理他了。

从此以后，大家都知道了小陈"搅局"的这个毛病，出去喝酒就都不叫他了。

由此可见，想要在酒桌上受到大家的欢迎，就一定要懂得不要谈论下面的这些禁忌话题。

1.经济问题

朋友之间许久未见，许多人一上来就喜欢打听别人做什么工作，薪水是多少，好像只有知道了别人过得不如自己，才会安心。

现在的人工作压力都很大，本来吃饭就是为了放松放松心情。你一上来就把满满的负能量传播得到处都是，肯定会搞得大家非常压抑。况且，不在一个行业，话题本身的探讨就不太好进行，如果继续下去，只能冷场，宾客间相处得也不开心。

关于收入，每个人都不愿意触及。因为人人都有一颗攀比的心，一谈到收入问题，收入低的人就会"暗自神伤"；而收入高的虽然极力掩饰，但"得意之形"也往往会溢于言表。况且，别人挣多挣少跟你有什么关系？他的钱又不会跑到你的口袋里。其实，每个人过得怎么样，大家心里都有数，你在大家面前反复地确认，只能伤害大家的感情。

2.父母、夫妻、孩子等一些家庭矛盾

有些人在酒桌上总喜欢讲自己的公婆如何如何偏心，生活习惯有许许多多的矛盾。其实"家家有本难念的经"，这些问题谁也理不清。而且当你把这些问题抛出来的时候，无形中也会让别人觉得不舒服，影响大家吃饭的心情。

还有一些家长在饭局上，总是被问道：孩子多大了？学习怎么样？结婚了吗？工作怎么样？工资多少……这时，一些爸爸妈妈就开始"口若悬河"，如果孩子在现场的话，场面就更尴尬了。本来现在的孩子压力就很大，这样一逼，孩子更不愿意待在饭桌上了。

有些人总喜欢在酒桌上拿对方的小缺点、小毛病大肆地调侃。比如媳妇懒得要命，自己的老公好几天都不洗脚……不免会使对方难堪，无论对方的心有多大，作为老公（或者老婆）都不应该去试探对方的底线。

3.酒桌上勿谈生意

你可能会说，合作商之间，本来就是为生意坐在一起喝酒的，喝酒本来就是一种"应酬"，不谈生意上的事情，喝酒还有什么意义？但是，千万不要一上来就谈生意上的事情。人家还不知道你是张三还是李四，你这个人到底怎么样，直接就跟别人开口要订单，闭口谈合作，不是明摆着要吃闭门羹吗？酒桌上不要太心急，酒喝痛快了，做起生意来自然也就愉快了。

4.恶心或者血腥的事

酒桌上除了谈心、交流以外，一个重要的事情就是吃饭。你在大家都吃饭的时候说一些血腥的事，或者指着一道菜说它长得像蛆虫，大家不免会进行联想。好好的一顿饭，就被血肉模糊、蛆虫乱爬给破坏了，恶心到自己也就算了，关键是还恶心到了别人。所以，如果想要大家安稳地吃好、喝好的话，你就要在酒桌上做一个会说话的绅士。

5.低级、下流的话题

许多人，特别是男性，在酒桌上总喜欢讲一些低俗的话题，以供大家娱乐。

但是，大家在一起喝酒，肯定有男性也有女性。如果讲一些低俗的话题，你在大家心目中的形象也会大打折扣。

尊重他人，改掉劝酒恶习

不管是朋友聚会，还是工作中谈生意，总会遇到一些人喜欢劝他人喝酒。这种人就像苍蝇一样在耳边"嗡嗡嗡"地叫个不停，令人非常讨厌。

孟伟是一个销售白酒的经理。大家都知道，卖白酒的，肯定酒量都不差，孟伟正是这样。但是孟伟除了自己爱喝酒以外，还有一个毛病就是爱劝别人喝酒，也不管那人能不能喝。

有一次公司开订货会，来了许多区域经销商。为了彰显公司的大气，老板晚上特意安排了酒局，当然孟伟等许多业务员都在陪酒人之列。

其中有一个寿县的经销商杨林，为人正派，性格也比较刚烈，关键是人家注重养生，不喝酒。他一上桌就表明了自己的态度："滴酒不沾！"

一开始还好，大家都在那儿喝酒，杨先生就在那儿喝喝茶，顺便跟大家附和两句。但是，几杯酒下肚，孟伟就有些醉意，他摇摇晃晃地走到杨林身边道："杨总，公司让我来，就是要保证陪你们吃好、喝好。但是杨总，您半天也不喝酒，可是兄弟哪里有做得不对的地方？"

杨林耿直地回答："没有，就是不愿意喝酒！"

"哈哈，杨总，你可是卖白酒的，怎么能不喝酒呢？"孟伟依然不依不饶。

杨林有点儿不耐烦地答道："卖白酒，就必须喝白酒吗？这是什么道理？"

"那不行，杨总，今天你不喝就是不给我面子！"孟伟醉醺醺地说道。

本来杨林性子就刚烈，听孟伟这样一说，立刻暴跳如雷："你是谁呀？我为什么要给你面子？我不给你面子又能怎么着？"

大家一看两个人都快要吵起来了，就赶紧把孟伟拉了出去。事后那位经销商还跟公司老板说："以后来公司，只要是有我杨林的地方，就不能有孟伟这个人！"

就是因为孟伟胡乱劝酒，全然不顾别人的意愿，在酒桌上充大，才把自己置于这么难堪的地步。

很多人劝酒的时候，喜欢用"不喝就是瞧不起我""感情深，一口闷；感情浅，舔一舔""这杯不算""自罚三杯"等这些话进行情感绑架。

当你说"不喝就是瞧不起我"时，对方就会对你产生厌恶。本来喝酒只是人们日常的一种放松和朋友之间交流感情的方式，喝多喝少，量力而行即可，没有必要以"谁瞧不起谁"这种牵强的理由来劝酒。即使别人在你的逼迫下极不情愿地喝了，内心对你的行为也充满鄙夷，以后更不愿意与你深交了。

"感情深，一口闷；感情浅，舔一舔"，如果对方极其厌恶别人强行劝酒，真的就舔了舔杯子，那你岂不是很难堪？可谓拿起石头砸自己的脚，自食其果。

"这杯不算""自罚三杯"，经常有人因在酒局说了不恰当的话，或者没有准时到场或迟到而被罚酒。在受罚者干了一杯后，却仍然有人起哄，嚷嚷着"这杯不算""自罚三杯"，希望对方多喝几杯。这种行为很招人反感，是一种没有契约精神的表现。约好的事情，对方照做了，而你又开始要赖，别人自然就会认为你不守信用，不值得信任，不会再与你这样的人做朋友。

再说，你有什么权利让对方"自罚三杯"？说这话的人不是在自取其辱吗？其实在别人的眼里，根本就没把你当回事儿。

有些人总以为，到了酒桌上，别人就要给他"三分薄面"，说话没轻没重的，在劝别人喝酒时总是用"就喝这点儿，是不是男人""男人不喝酒，枉在世上走"，对其进行讽刺挖苦。

其实酒桌上最忌讳"交浅言深"，本来人家跟你就没有那么深的交情，你再说这话不是在激怒他，让他记恨你吗？况且二两酒下肚，保不齐两人就开骂，甚至会打起来。

别人劝酒，有些人肯定就会找一些理由"挡酒"，不过有些劝酒的人还总是不死心。比如，被劝酒的人有时候会说自己开车，不能喝酒，但那位劝酒的人似乎不依不饶，本来自己也喝得快摸不着北了，竟然还慷慨地说"我开车送你回去"。别人说自己身体不适，劝酒的人却说"多喝点儿，酒是消毒的"，真是"无所不用其极"。

大家在一起喝酒，目的是交流感情，喝酒这事儿本身就是自愿的，一切都应当发乎情而止乎礼。你不能仗着自己的地位或者几分酒气，就对他人进行盲目劝酒。当你以"维系感情"的名义强行对他人进行劝酒时，在你朋友的心中，你已经不再是为对方考虑的知心好友了；而在一个初次见面的人面前，你更会变成一个惹人厌的小丑。

因此，酒桌上要想不失去老朋友，交到更多的新朋友，强行劝酒的话就不要胡乱说。

感情深一口闷，不伤和气委婉拒绝

李刚在某家公司做部门经理，此人酒量非常小，但是平日的应酬却非常多。每到这个时候，他的太太就会非常担心，甚至有过逼他换工作的念头。然而，李刚却从来没有惧怕过，而是"兵来将挡，水来土掩"，完成了一次次重要的任务。有一次，李刚去见一个重要的客户——李先生。李先生的分量不同于以往那些客户，他能给自己和公司带来一笔巨大的生意，因此，李刚非常看重。李先生是一个性格直爽且喜爱喝酒的人，李刚在主动敬了对方三杯酒后，便有些昏沉了。但是，李刚却一遍遍地告诉自己，不能失去这个大客户，更不能让公司的声誉受到影响，因此，李刚使劲儿睁开即将闭上的眼睛，继续陪李先生喝酒。

酒场持续了三个小时，宴会终于结束了。送走了李先生，李刚"扑通"一声便醉倒在地上，同事急忙把他送到医院，才避免了严重的后果。

这就是不懂得拒绝，不懂得用巧妙的言辞回绝敬酒方的后果，相信在生活中，李刚的例子不在少数。

酒，自古至今，或怡情，或娱乐，或送别，或迎宾……酒成了人们生活中不可或缺的一部分。不得不承认，在现如今的应酬场合，酒也顺理成章地成了人们表达情意的最大载体。中国人酒桌文化的发达程度堪称"世界第一"。面对这种文化，善饮酒、喜饮酒的人或许乐在其中，但对确实不会喝酒、不能饮酒的人来说，也许一场盛宴意味着"一场灾难"。因此，拒酒艺术便成了很多人不得不研究的话题。

张经理某次出席一个宴席，遇到了以前的老客户吴总。因张经理前段时间出国，有一段时间没和吴总会面了。这次适逢相聚相逢，张经理便提出与吴总痛饮，并提出不醉不归。吴总说："真是不好意思，最近我身体不适，医生再三嘱咐我不能饮酒，您的好意我心领了，这次还请多包涵，下次我们再聚，我一定奉陪到底，不醉不休，好吗？"此言一出，宾客们都纷纷赞许，张经理也没有表现出不悦。

酒场上想要保全自己的身体，你必须懂得拒酒的技巧，把话说得美一点儿。看似喝酒，其实里面的学问真的是太多了，所以说我们一定要懂得随机应变。如果你没有酒量，就凭借你的智慧和口才来练就一身"推"酒功夫吧。

1. 从劝酒词中找漏洞

要做到巧妙拒酒，就要把握一个"见缝插针"的原则。对方劝酒一般都会采用一些看似无懈可击的劝酒词，"见缝插针"就是要从对方的劝酒词中找到一个可以攻破的口，然后用巧妙的方式回对方，达到拒酒的目的。

2. 在气势上面让别人输掉

要是你酒量可以，但是酒桌上又偏有好多你的酒中"对头"，那么，你要在气势上面让别人输掉。话要大、要狂，要有压倒一切的气势，要吓得人家不敢和你拼才行。很多时候，自己先一口气喝完会有用，但是你必须酒量大才行！

3. 分散劝酒者的注意力

如果劝酒者采用"车轮战术"，自己又无法拒绝时，可以转移目标，分散劝酒者的注意力，你可以说："今天在座的都是我的好朋友，理应一视同仁，要干，大家一起干！"来宾酒量不等，往往与劝酒者讨价还价，迫使他做出一些让步。

4. 不能喝，就别开第一口

如果你真不能喝，就别开第一口。如果你开了第一口，那么有一便会有二，有二便会有三，这样一直喝下去，你非醉不可。只有在一开始的时候就拿出强硬的态度来，不管别人怎么劝，坚决不喝第一口，这样别人就会相信你真的不会喝酒，也就不再为难你了。

5. 学会为自己找借口

开车是拒酒最好、最实用的借口，如果实在不能喝酒，最好每次赴宴都亲自开车，不要让别人找到缝隙。拒酒词则可以委婉一点儿，在上酒前声明："我开车来的，醉驾是要拘留的，所以大家的心意我只能心领了。"不过最好不要提及车祸，以免破坏酒宴的气氛。